王陽明與康德道德
哲學的比較研究

鄭基良　著

文 史 哲 學 集 成
文史哲出版社印行

國家圖書館出版品預行編目資料

王陽明與康德道德哲學的比較研究 / 鄭基良
著. -- 初版 -- 臺北市：文史哲，民 102.08
頁；公分（文史哲學集成；646）
　參考書目：頁
　ISBN 978-986-314-140-2（平裝）

1.陽明學　2.康德哲學　3.比較研究

100　　　　　　　　　　　　102017351

文史哲學集成　　646

王陽明與康德道德哲學的比較研究

著　　　者：鄭　　　基　　　良
出　版　者：文　史　哲　出　版　社
http://www.lapen.com.tw
e-mail：lapen@ms74.hinet.net
登記證字號：行政院新聞局版臺業字五三三七號
發　行　人：彭　　　正　　　雄
發　行　所：文　史　哲　出　版　社
印　刷　者：文　史　哲　出　版　社
臺北市羅斯福路一段七十二巷四號
郵政劃撥帳號：一六一八〇一七五
電話886-2-23511028 · 傳真886-2-23965656

實價新臺幣三六〇元

中華民國一〇二年（2013）八月初版

王陽明與康德道德
哲學的比較研究

目　　次

前言（含提要）

　　現今科技昌明，交通便捷，網路發達，無遠弗屆，昔日無法到達的地方，如今都已漸次開發，整個世界，無論在何處，都有天涯若比鄰的感覺，在這種全球性的旅運日趨頻繁之際，人類各民族的傳統文化，不可能再封閉自守，各種思潮勢必相互衝擊，互相融攝，也因此，比較哲學就有其重要性，而比較道德哲學的任務，就是要找尋適合於全人類的道德法則，指導人的生活，以避免人與人之間的衝突與紛爭，使人生止於至善，這也正是本論文研究的目的。

　　撰寫《王陽明與康德的道德哲學之比較研究》，主要的參考資料有：《王陽明全書》、《宋元學案》、《明儒學案》、康德三大批判（《純粹理性批判》、《實踐理性批判》《判斷力批判》）、《道德形上學的根本原理》、中國哲學史、西洋哲學史、比較哲學、儒家經典等著作，經過一番研讀，擇其大要，比較異同，逐而體認出良知之真實、善意之重要、自由之可貴、道德法則之存在、止於至善之終極（圓善）。展望未來，人類將朝向倫理道德、自由民主、科學文明三方面而邁進。

　　本書共計五章：

　　第一章導論，分為三節，第一節論述比較道德哲學的沿由、意義、目標及方法等。第二節簡述儒家的道德哲學，從

《周易》、孔孟、學庸、到宋明理學，用以彰顯陽明思想的傳承。第三節簡述西洋的道德哲學，從希臘三哲、中世紀、近代、到杜威，探討各學派的思想，以彰顯康德道德哲學的特色。

第二章王陽明的道德哲學，分爲三節，第一節心即理，說明心、理、心與理的關係。第二節致良知，解說格物致知、良知、及如何致良知。第三節知行合一，述說知行本體原是合一之意。

第三章康德的道德哲學，分爲兩節，第一節道德形上學的根本原理，論說善意與理性、本務、假然律令與定然律令、目的與目的王國、意志他律與自律、自由等內涵。第二節實踐理性批判，論述理性的實踐、純粹實踐理性的四項公理、善與惡、道德法則、最高善等內涵。

第四章比較王陽明與康德道德哲學的異同，分爲三節，第一節哲學方法論的異同，分理解與實踐兩路，說明陽明與康德在方法上的不同。第二節道德修養論的異同，從陽明的修身之道及康德純粹實踐理性的方法學之比較，得出兩者皆以成德爲目的，而且都有深厚的道德意識，但是，在道德人格的成就上，兩者有所不同。第三節道德神學與〈大學問〉的異同，康德以上帝存在、靈魂不滅、自由三種假定，建立道德神學；王陽明以〈大學問〉的一體之仁爲思想的最高點，兩者皆以人爲道德主體，這是相同之處；但也有不同的地方，康德的道德神學，終使道德與神學相結合，而王陽明卻以親民事功表現其道德，遂使道德與政治相結合。

第五章結論，探討王陽明與康德道德哲學的現代意義，

說明在這充滿危機的時代，陽明與康德的良知、良善意志、自由自律、一體之仁、道德修養、致良知、目的王國等要義，就是世界希望之所寄，人類命運之所託。

　　以上論述王陽明與康德道德哲學的比較研究，文章已見廣泛，其他有關知識論、政治思想等，只好省略。

　　本書由拙作博士論文修訂而成，或有舛訛，惟祈賢達君子，多予賜教。

鄭基良謹誌于台北　民國 102 年 3 月

第一章　導　論

第一節　比較道德哲學的意義

　　比較道德哲學，無疑地，是屬於比較哲學的一部份，比較哲學雖然發展較晚，但凡不同民族的交往，必定發生各種思想的交流，造成本土文化與外來文化相互之間的衝擊與影響，兩者自然交會融貫，最後創出新的文化體系，回顧中國歷史，即可印證此一論點。

一、中西文化的交流

　　在中國歷史上，中西文化的交流，可以分爲六個時期：

（一）張騫及班超出使西域

　　漢武帝時，偉大的探險家兼外交家張騫奉命西使，其結果造成中國絲帛隨之西去，而西域的葡萄、胡瓜、胡豆等植物，以及音樂、美術東傳。漢明帝、漢和帝時，班超父子在西域的事業，進一步促進中西文物的交流。

（二）南北朝隋唐時代與西方之關係

　　唐代盛行「和親政策」，將公主外嫁番王，使中國的典籍文物隨之外流，計有吐谷渾、吐蕃、突厥、契丹、回紇等區域，受到中華文化的影響。此外，佛教的傳入與玄奘求法，造成儒釋道相互激盪與融貫，也使佛法中國化，促成中華文化本身的大變動，中國禪宗的智慧火發是其代表。除了佛教之外，所有世界上重要的宗教都在這個時期傳入了中國，如回教、猶太教、摩尼教、景教、祆教等。

（三）蒙古西征

　　蒙古三次西征，打開東西交通之道，使中國、回教、歐洲三種文化發生密切的接觸，中華文物西傳者計有火藥、印刷術、羅盤針、紙幣等，西方文物東來中國者，有天文曆法、醫藥、數學、大礮（炮）的改進等。

（四）鄭和下西洋

　　自明成祖永樂 3 年（1405 年）至明宣宗宣德 8 年（1433年），鄭和的龐大艦隊七次向西遠涉重洋，最遠到非洲東南岸，從事人類歷史上空前的大規模航海活動。促進海外貿易擴大，帶動了中外經濟交流與發展。鄭和下西洋期間，通過多種形式與當地開展雙邊貿易，平等互利，互通有無，把中國的絲綢、瓷器、茶葉、漆器、麝香、金屬製品和書籍等運往國外，帶回當地的香料、藥材、動植物、珠寶及生產瓷器所需原料等多種貨物。這種貿易活動，推動了中國和這些國家的

經濟發展。

鄭和下西洋，宣德化而柔遠人，宣揚中華文明，促進了中外文化的雙向交流。鄭和向海外傳播科學文化、典章制度、文教禮儀、宗教藝術等中華文明，將中國在建築、繪畫、雕刻、服飾、醫學等領域的技術帶入亞、非國家，向當地人民傳授鑿井、築路、捕魚技術，推廣農業技術和農作物栽培方法，推行貨幣、曆法、度量衡等。同時，亞、非國家的文明成果也傳入中國。

（五）明末清初傳教士東來

明末清初來華的耶穌會傳教士很多，利瑪竇、龐迪我、湯若望、艾儒略、南懷仁等較為知名。他們不僅傳教，也從事於西學的譯著，例如湯若望把德國礦冶學家阿格里科拉論述歐洲開採和冶金技術的巨著《論礦冶》（De re Metallica）譯成中文，取名《坤輿格致》；艾儒略著《萬國全圖》、《職方外紀》、《西學凡》、《張彌額爾遺蹟》；利瑪竇著《天主實義》；龐迪我著《七克》、《實義續編》、《辨揭》；南懷仁著《坤輿圖說》、《坤輿外紀》等，又如在天文學方面，湯若望與南懷仁在北京建立天文台、製造天文儀器。算術方面，幾何、代數、三角等也有譯注，如由利瑪竇與徐光啟合譯的《幾何原本》最為有名。還有輿圖之學，也值得一提，康熙時，傳教士分赴各地實際測量所繪成的第一部中國地圖，就是「皇輿全覽圖」，此外，尚有物理學、水力學、建築學、西洋繪畫、希臘哲學等均有譯著。

另一方面，來華的傳教士也努力吸收中國文化，利瑪竇

首先把《四書》譯成拉丁文，到了康熙年間，中國的古籍經
典差不多都有了拉丁文的譯本，在十八世紀的歐洲，掀起一
股崇拜中國文化的運動，著名的學者，如：萊布尼茲、福祿
泰爾、哥德等人，皆深受中國思想的感染。

（六）鴉片戰爭以後

鴉片戰爭以後，中國人對西洋文化始表驚駭，並予重視，
有人開始懷疑我們自身的傳統文化，有識者也已感受到中國
確有不如外人之處，於是紛紛主張學習西洋之長，曾國藩、
李鴻章、左宗棠等人強調堅甲利兵的重要，主張輸入西洋的
機械與聲光化電，遂于同治年間成立了機器局、船政局、同
文館等，興起自強運動。

二、比較中西文化

這種以國防軍事爲重心的事業，經過中法、中日兩次戰
役，證明多年的努力徹底失敗，過去對西洋文化的認識也有
偏差，必須另謀復興之道，遂有康有爲、梁啓超的變法運動，
變法圖強是百日維新的主要目的，但反對者眾，新政旋被推
翻。最後，國父孫中山先生立志革命，創建民國，纔使中國
重現生機，因爲，國父以三民主義建國，也以三民主義救國，
而三民主義是融會了中西文化的精華，包含優良的中國道
統、立國精神與民族思想，也有西洋文化的民主政治與實證
科學，所以能夠順天應人，合乎時代潮流，國父對中西文化
的態度，代表一種擇善執中的精神，值得我們學習效法。

　　清末民初以來，學者對比較中西文化思想之態度，除了國父之外，尚有多人可以一提，其中、鄭觀應、馮桂芬、張之洞等人主張「中學為體，西學為用」，中學即四書五經等舊學，西學即西洋的政治、歷史、科學、藝術等新學，必須新舊兼學，不可偏廢。這種「中學為體，西學為用」的理論，曾遭嚴復先生的公開駁斥，他極力提倡直接通過西洋語文以求取西學，但他又翻譯《天演論》、《原富》等西方名著，成了當時介紹西學的最高水準。

　　除了嚴復的翻譯外，梁啟超也是介紹西學，比較中西異同，非常熱心的一位學者，他以為中國的學問是修己安人，即內聖外王，而西洋文化則以愛智為動機，以探求宇宙實相為究竟，兩者有所不同，一重行誼之修持，一重知識之獲取。因此，在中西文化的交流中，我們要以西洋的文化來擴充補助中國固有的文明，把中西文明化合起來，形成一種新的文化體系，他說：「所以，我希望我們可愛的青年，第一步要人人存一個尊重愛護本國文化的誠意。第二步，要用那西洋人研究學問的方法去研究他，得他的真相。第三步，把自己的文化綜合起來，還拿別人的補助他，叫他起一種化合作用，成了一個新文化系統。第四步，把這新系統往外擴充，叫人類全體都得著他好處。」[1]

　　同樣對中西文化及其哲學思想之比較有研究的學者，還有梁漱溟，梁氏在民國 10 年所發表的《東西文化及其哲學》，是一本比較有系統、有獨到見解，自成一家的著作，他認為

---

1 見梁啟超著《歐遊心影錄節錄》第 37 頁，中華書局印行。

不同的文化，是基於人類主觀上人生態度的差異，不能從客觀環境的物質條件之不同而求解說。依此觀點出發，梁氏以為中國文化是以意欲自為調和持中為其根本精神的，而西洋文化是以意欲向前要求為根本精神。其特色有三：（一）征服自然的異采（二）科學方法的異采（三）民主的異采。[2]

　　至於展望未來的文化發展，梁氏認為孔子的仁與禮樂對人心有極大的教化作用，所以，未來的文化仍然走向中國之路。

　　當然，這種肯定中國文化價值的論點，亦遭反駁，陳獨秀便提出「德先生」（Democracy 民主）和「賽先生」（Science 科學）兩句口號，提倡民主和科學，他主張我們要拿西洋英美做榜樣，從事全盤西化，陳獨秀所倡導的「德先生」和「賽先生」代表民國初年的新思潮，胡適對這種新思潮有所解釋，他認為新思潮是一種批評的態度，即重新估定一切價值，並以「研究種種問題，介紹西洋新思想，用科學的方法，整理中國古代的學術，再造新文明。」為目的，胡適說：「新思潮的精神是一種評判的態度，新思潮的手段是研究問題與輸入學理……新思潮對於舊文化的態度，在消極一方面是反對盲從，是反對調和，在積極一方面，是用科學的方法來做整理的工夫。新思潮的唯一目的是什麼呢？是再造文明。」[3]。

三、比較道德哲學與文化思想

　　從民國初年迄今，當代學者從事比較道德哲學與文化思想

2 見梁漱溟著《東西文化及其哲學》第 55 頁，虹橋書局印行。
3 見《胡適與中西文化》第 33 頁，水牛出版社印行。

而有成就者，又有多人，首先介述熊十力先生，熊氏以爲西洋
人的心態大抵向外發展，努力於社會與物質生活等方面的創
新，所以西洋學者遂以向外找東西的態度，以窮索爲務，探究
不已。因此，西洋哲學精於思辯，偏任理智。然而，中國哲學
一向在反求諸己，用功於內，尙體認，乃由道德實踐而體證真
體，這種日用踐履的修養工夫，尤以儒學最緊切，熊氏說：
「以哲學論，中國儒學與西學確有不同，西學向外求體，故偏
任理智與思辯。儒學在反己而實得本體，故有特殊修養工夫，
卒以超越理智，而得證量……吾以儒學爲哲學之極詣。」[4]。

　　熊十力先生所謂「西哲精思辯，中哲尙體認」之言，即
唐君毅先生所云「西哲重知，中哲重行」之涵義，唐先生以
爲西方哲學家對於哲學一向是重知，爲知識而求知識，但是，
中國哲學家少有爲求知識而純粹求知的，他們大抵貴於躬行
實踐，證知德性。由於西哲重知，故以思辯爲主要方法，但
因中哲重行，遂以直覺爲哲學方法，孔子所謂「默而識之」，
宋明儒所云「體認」、「存養」等皆爲直覺法。

　　基於中西哲學之互異，雙方對倫理道德的觀點，亦有所
不同，唐氏說：「中哲所謂倫理，可指人與人之間之所以相
待之當然之道與理……則倫理之學，即兼指人之如何成爲君
子，免於小人，以敦品勵行，或由知聖人與之同類，而求學

---

4 見熊十力著《讀經示要》卷二第 54 頁。另在《新唯識論》第 714 頁上
　熊氏對東西哲學也有一番比較，他說：「東方哲人一向用功於內，滌盡
　雜染，發揮自性力用，其所謂體認，是真積力久，至脫然離繫，本體
　呈露時，乃自明自見……西洋學者從來以向外找東西的態度，探索不
　已，故其所見之體，正是思惟中所構畫的一種境界，非果親證實在，
　而直與之爲一也。」

聖人之爲人倫之至之學也。至於西方之所謂倫理學，初亦指人在群體中之道德情操，唯一般哲學上所謂倫理學，則指研究道德根本原理，與道德之意志行爲之目標及善惡及正當不正當之標準之學，而初無特重人與人之倫理關係之義。」[5]。

　　當代從事比較哲學研究者，除了熊十力、唐君毅外，尙有方東美、黃建中、牟宗三、羅光、吳經熊等學者，茲再簡述彼等之思想大要如下：

　　方東美先生：著有《哲學三慧》、《中國人生哲學概要》、《中國哲學之精神及其發展》（英文版）等書，方氏以爲哲學生於聞、思、修，由於各民族對文化之所聞、所思、所修的智慧不同，因而可以標名哲學三慧，一曰希臘、二曰歐洲、三曰中國。三者的哲學各有優劣，然可互相攝受，矯正缺失，方氏在《哲學三慧》一書中評論中西哲學之優劣及其自救他助之道，他說：「希臘思想實慧紛披，歐洲學術善巧迭出，中國哲理妙性流露，然均不能無弊。希臘之失在違情輕生，歐洲之失在馳慮逞幻，中國之失在乖方敷理，矯正諸失，約分兩途，一者自救，二者他助。希臘應據實智照理而不輕生，歐洲人當以方便應機而不誕妄，中國人合依妙悟知化而不膚淺，是爲自救之道。……希臘之輕率棄世，可救以歐洲之靈幻生奇；歐洲之誕妄行權，可救以中國之厚重善生；中國之膚淺蹈空，又可救以希臘之質實妥帖與歐洲之善巧多方，是爲他助之益。」[6]。

　　黃建中先生：於民國三十三年間著有《比較倫理學》一

---

5 見唐君毅著《哲學概論（下）》第 1042 頁，學生書局印行。
6 見方東美著《哲學三慧》第 23 頁，三民書局印行。

書，黃氏客觀地研究倫理學上的主要問題，能夠融會貫通中西倫理道德思想，而自得一和諧的人生觀。他在該書自序上有一段文字，表示全書的宗旨，他說：「本書從生物方面追溯道德行為之由來，從心理方面推求道德覺識之起源，從人類社會方面研索道德法則之演變，從文化歷史方面窮究道德理想之發展，詮次眾說，中西對勘，較其異同，明其得失，由相對之善惡，求絕對之至善，襲太和之舊名，攝突創之新義，以為助與爭乃天演所歷之途徑，和諧乃人生所蘄之正鵠，而十餘年來思想上之矛盾，始得一綜合。」[7]。黃氏認為中西道德均以人性為出發點，西方文化向個人的權利和義務方面發展，中國文化則向人倫道義方面發展，但雙方均歸始於人性，因此，振興道德，當以恢復人性的尊嚴為首要。

　　牟宗三先生：牟先生認為中西哲學由於民族氣質、地理環境與社會結構的不同，各具有不同的方向和形態。中國哲學以生命為中心，特重主體性與內在道德性，故是實踐的，所以，中國哲學沒有知識論和邏輯，它的出發點在於敬天愛民的道德實踐。相反地，西洋哲學不重主體性，而重客體性，是以自己生命以外的自然為對象，以知識為中心而展開，喜歡作純粹理智的思辯與分析，對各種觀念下定義，所以它有邏輯、知識論、宇宙論等，但是，它沒有很好的人生哲學。由於中西哲學的異別，時至今日，雙方都應互相尊重，互相協調，彼此會通，藉以充實並滋潤本身的文化生命。

　　牟先生說：「中西兩哲學傳統不同，然必有其可以會通

---

7 見黃建中編著《比較倫理學》初版〈自序〉第 2 頁。正中書局印行。

之路，會通之路端在康德，因為在西方哲學中，只有康德的批判哲學始能與中國的哲學傳統相契接……康德的哲學可以作一個橋樑，把中國的學問撐起來，即用康德哲學之概念架構，把儒學之義理撐架開，進而充實光大儒學。同時反過來看，中國之儒、釋、道的智慧也可以消化康德，即容納並籠罩它，如此就能消化它。中國智慧之能消化康德哲學，即由於比它高，而這消化可使康德的哲學『百尺竿頭，更進一步』」[8]。

　　羅光先生：羅先生對中西哲學均有研究心得，他認為中西哲學的比較，可以從四個方面來研究，即對象、性質、方法、特點等問題。關於對象方面，中國哲學的對象在於研究事物的天理，即是生之理，使人達到至善的生命；西洋哲學的對象在於追求事物的存在之理。由於中西哲學研究的對象不同，因此，從性質方面來說，中國哲學是一種動態的哲學，所謂動態，意指宇宙的變易之道，西洋哲學是一種靜態的哲學；所謂靜態，意指常存不變的事物之理。

　　至於方法上，西洋哲學以理則學（邏輯 Logic）為首要，重視演繹、歸納、分析、證明等科學方法。但是，中國哲學思想家卻比較喜愛應用譬喻，以及同義形容辭，欠缺邏輯，因此很少有系統的著作，而祇是隻字片言的語錄。由於中西哲學的對象、性質、方法之差異，所造成的特點也各有不同，中國哲學的特點是人生哲學，講倫理道德，修齊治平之道，注重實際人生，是一種人文哲學。反觀西洋哲學的特點，在於形上學、認識論，與實際的生活比較沒有關連。雖然中西

---

8 見聯合報民國 69 年 12 月 31 日副刊〈牟宗三先生訪韓論學記錄 —— 文化哲學之承傳與恢弘。〉

哲學各有所偏，但可以互相融合，優劣互補，以求創新。

　　談到創造中國的新哲學，羅氏有意融會貫通中國傳統儒家哲學和士林哲學，他說：「依我看來，士林哲學的路線，和中國傳統哲學的路線，有許多相同之點，可以和中國哲學相融會，給中國哲學發展出來一種新的系統思想。」[9]。

　　吳經熊先生：吳氏學貫中西，對中西哲學與文化的比較研究有深妙的見解，他認為中國學人自古以來所注重的，是偏向於倫理和藝術方面，而近代西洋文化則偏向於科學，因為中西雙方各有所偏，所以兩種文化各有優劣，但是，時至今日，東西文化已經全面的接觸，在各種文化的交流與衝擊之下，我們就不能不考慮如何溝通與如何綜合中西文化，對於這個問題，吾人應該懷抱著廣包的雅量，盡量去吸收中西文化的優點，以達到一個活的綜合。吳氏說：「我深信，東西文化將來一定會達到一個活的綜合，無疑地，『東西文化的正統，乃是孔子學說與基督教義』（見張其昀著《中國文化新論》第一冊30頁）這兩個正統最後一定要綜合起來。但是，目前時機尚未成熟，因為要達到活的綜合，兩方面都先要復興起來。在西洋方面，要復興基督教義，必須盡量吸收東方的長處，同樣，我們如果要復興孔子的道理，也必須盡量吸收西方的長處，這樣纔能收同明相照，同聲相應之效。」吳氏又說：「我們如果真要綜合東西的話，就該在自己身上開出一條活路，我們先要做成徹頭徹尾的中國人，同時還要徹底吸取西洋的長處。對於西洋文化，要抱中立不倚，和而

9　見羅光著《中國哲學的展望》第33頁，學生書局印行。

不同的態度，一不要一味鄙視，二不要盲目崇拜，擇其善者而從之，其不善者而改之。」[10]

　　以上，筆者不厭其煩地簡述中西文化之交流，以及清末迄今學者對中西哲學及道德思想之比較研究的大要，從此一說明中，吾人約略可以了解比較道德哲學的概念。以下，再進一步論述何謂比較道德哲學？為什麼要提倡比較道德哲學？其重要性、目標、任務是什麼？研究比較道德哲學需要應用哪些方法？這些研究方法的內容是什麼？

四、比較道德哲學的內涵

　　所謂「比較道德哲學」一句，若分開來說，何謂「比較」？何謂「道」、「德」？何謂「道德哲學」？何謂「比較道德哲學」？

　　「比較」當然是指對於兩者以上的考查，研究彼此相同與相異的地方，而使同異皆顯然出現，吾人以比較法從事哲學之探究，乃著重在某一哲學體系與其他哲學體系之內容的異同，使我們的思想體系能綜合所比較的哲學，以成就一更高的哲學。比較法是人類非常原始而且自然的研究方法，也是哲學體系許多好方法之一，本論文就是比較王陽明與康德的道德哲學，設法找出中西道德相同或相異的重點。

　　「道德」，宜先分別「道」的意涵和「德」的意義，再論道德。《周易‧繫辭上傳》第 12 章云：「形而上者謂之道，

---

10 見吳經熊著《內心悅樂之源泉》第 27～40 頁〈中國文化的發展方向〉
　　一文，東大圖書公司印行。

形而下者謂之器。」可知，《周易》的「道」是形而上的、抽象的、無形體度量，而爲萬事萬物所共由者，《周易》所言之道，有乾道、坤道、天道、地道、人道，已包括了宇宙萬事萬物的變易之道。《中庸》第 1 章曰：「天命之謂性，率性之謂道，修道之謂教。」朱熹對「率性之謂道」註云：「率，循也。道，猶路也。人物各循其性之自然，則其日用事物之間，莫不各有當行之路，是則所謂道也。」[11]

　　《中庸》對「道」的解說，已經走向人道的思想，《大學》第一句話便說：「大學之道，在明明德，在親民，在止於至善。」大學即大人之學，大學之道，即講爲人之道，乃成聖、成賢、成君子之道。因此，荀子說：「先王之道，仁之隆也，比中而行之。曷謂中？曰：禮義是也。道者，非天之道，非地之道，人之所以道也，君子之所道也。」[12]儒家所講的「道」，就是人之所以爲人的原理原則，不過，這種人之道，以天地之道爲基礎。

　　德者，得也，古代「德」與「得」相通，乃內得諸己，無待於外求之謂德。所以，「德」是得其至當之天性，且行道而有得於心者。故知，道與德原是有分別的，要言之，道者，無乎不在，乃天地人物所共由之原理法則也；德者，得於身心，人之所自得也。因此，《論語・述而》孔子說：「志於道，據於德。」不過，在社會日常生活用語上，道德常是連用，道德成了一個名詞，等於一個人的品德或德性。中國最早對於道德（德性、品德）的討論，見於古籍者，屬《尙

11　見朱熹《四書集注・中庸》第 1 頁。
12　見《荀子・儒效》第 8。

書‧皋陶謨》之九德及〈洪範〉之三德[13]，其他典籍如《論語》以仁統攝諸德，《中庸》以智仁勇爲三達德，孟子主張仁義禮智四德，班固以仁義禮智信爲五德，國父孫中山以忠孝仁愛信義和平爲八德[14]。

　　至於西洋方面，哲學家談論道德者亦不勝其多，如柏格森認爲道德的起源有兩個主要因素，一方面是社會的壓力，即因特殊時空環境而形成，這是一種「封閉性的道德」，只在某一時空下之一區域內有效通行的習俗道德（Customary morality）；另一方面，是道德英雄的啓發影響，道德上的先知先覺超越時空，提出永恒的、普遍的道德，爲全人類所接受，這是一種「開放性的道德」，如孔子的仁、耶穌的博愛。而人類道德的進展，是由封閉達到開放[15]，這期間，大約可分爲三個階段，最早的原始人類社會，共同遵守一些通行的道德規例，稱爲「習俗的道德」[16]，其次進展到「傳襲的道德」，遵循傳統因襲的道德，第三個階段再發展成「理性的、反省的道德」，這幾個階段的發展，就是從原始社會進化到

---

13 見《尙書‧皋陶謨》及〈洪範〉。所謂九德：寬而栗、柔而立、愿而恭、亂而敬、擾而毅、直而溫、簡而廉、剛而塞、彊而義。所謂三德：一曰正直，二曰剛克，三曰柔克。九德和三德，皆從吾人處事爲人時所表現之性格、才能與氣度上立論。
14 國父孫中山在《三民主義‧民族主義》第六講說：「講到中國固有的道德，中國人至今不能忘記的，首是忠孝，次是仁愛，其次是信義，其次是和平。」
15 參閱謝幼偉先生著《當代倫理學說》第 2 頁，中央文物供應社印行
16 原始民族的「習俗道德」（Customary morality），大都使人嚴守自己的地位，而不侵犯別人的權益。對敵友的不同關係，表現強烈的明顯對比。對於「我們這一群體」與「其他敵對的另一群體」出現兩種不同的道德標準，在我們自己的群體內，彼此的道德關係是友愛和平、守秩序；對於敵對他群的態度，則常常是劫掠、兇殺，引生不斷的戰爭。

先知先覺的聖賢所開創的道德理想。

因此，西洋所謂道德哲學，廣義地說，即是倫理學，蓋倫理學的另一名稱就是道德哲學或人生哲學[17]。道德哲學的基本方向，是要研究道德的性質、根源、形成等問題，及探討吾人行為之是、非、正、邪、善、惡，何者為是？何者為非？何者應該做？何者不應該做？善惡的標準是什麼？如何分辨是非善惡？等等做人之道，進而論及人生的道德目的和道德理想，以及如何實現這人生的道德目的和道德理想，最後以臻於人生之幸福與道德之至善為研究終鵠。

綜合以上對「比較」、「道」、「德」、「道德哲學」等名詞的解釋，歸結地說，比較道德哲學是以比較哲學研究法，對於不同的道德學派，或道德哲學家，從事各種方式的比較研究，例如：《論語》之仁與《聖經》之愛的比較道德哲學研究，儒家生生思想與柏克森的生命哲學之比較研究，孔子與杜威的比較，孟子與巴克萊的比較等等。

目前，比較道德哲學仍是一塊尚待開發的廣大領域，雖然，東西雙方已有大量的文化交流活動，各民族、各個國家之人民交往日密，交友、通婚、貿易等時遭困擾，彼此皆感到相互了解、相互寬容、相互吸收的必要性，如今，中西雙方的道德思想需要緊密結合，在比較研究其異同之後，彼此吸取對方的優點，進而融會貫通起來，最後必然產生廣包多

---

17 道德哲學與倫理學同義，但亦有主張兩者宜區別為二者，如德之加奈利（Calnerie）以為：「研究人間道德法所由生起，是為道德哲學；如何以此哲學的科學之結果，應用於實際生活及一般教化，則倫理學之所研究也。」見《哲學辭典》第 809 頁，台灣商務印書館發行。康德亦主張道德哲學與倫理學亦有區別。

種優良傳統的道德哲學體系。這就是爲什麼要提倡比較道德哲學的原因，蓋每一道德哲學家都受到特定的時空限制，他們提出的思想往往只爲了他們自己的環境、團體、民族或國家，當然，彼等的道德哲學也有適合全人類的，即是具有超越時空的永恒普遍性，如孔子的仁，《聖經》的博愛等。

但是，無論如何，比較道德哲學有助於破除個人狹窄的知識，並且在人類之間提倡精誠團結與生命的和諧，這也就是比較道德哲學的價值和重要性之所在。這種重要性對中華文化本身更是明顯，因爲近百年來，中國國運蹇厄，人心迷離，學者紛紛對傳統倫理思想加予檢討，以及對西洋的道德哲學重新認識，希望能找出一條大道，對此難題，吾人以爲最好從比較研究入手，因爲比較道德之所以有價值，就在於幫助吾人朝向一種完善與美滿的世界觀（World View）而努力前進，讓我們以無私心和沒有偏見的態度，針對主題，進行研討。

總之，在這個天涯若比鄰的國際關係中，人與人、國與國、民族與民族之間，各自所秉信的道德標準不一而定，但是，人類再也不能像原始民族的道德觀念一樣，對「我們這一群」表現忠誠、友愛、犧牲，而對「其他那一群」則表現爲仇恨與欺侮。如今，各民族所特有的道德標準皆顯現缺失而不合時宜，因此，人心不知所適，所以，比較道德哲學的任務有二：一方面是把人類現有的道德思想和行爲加以深刻地理解，理智的批判，以及客觀地比較；另一方面，則是綜合各家之長，創建一種足以適用於全人類的新道德標準。因而，提出一個關於理想道德的新學說，是現今比較道德哲學

研究者的最大任務，其目標在指導人生，養成美德，使人類都漸趨成為道德完人，早日實現人人相愛，天下一家，萬物一體，以及世界大同的理想。

上一段，簡單說明了比較道德哲學的意義，至於如何從事比較道德哲學的研究，其方法有哪些？有待進一步的解說，茲簡述如下：

五、研究方法

（一）比較法

比較道德哲學當然使用比較法，比較法大略可分為四：相同之比、相異之比、時間之比、空間之比。所謂相同的比較，意指同屬相同學派各哲學家思想的比較，例如同樣主張效益（功利）主義，有利己、利他等不同；同樣主張直覺論，有主知、主情、主意等差別。所謂相異的比較，意指不同學派的比較，如伊壁鳩魯學派和斯多噶學派的比較，儒家和墨家的比較。所謂時間的比較，意指道德觀念之歷史演進的時間先後比較，如習俗道德和反省道德的比較，中國先秦之孝道與宋明之孝道的比較研究。所謂空間的比較，意指不同的民族文化之道德學說的比較，如中、西道德法則之比較，中、西直覺主義之異同等。吾人應用比較法，有一前提，即應對所比較的哲學思想有全盤性的知識，要有通觀式的了解，纔能進行局部的專題比較，例如，對於王陽明與柏格森之比較，須對中、西道德學史有所認識。

（二） 歸納法

　　所謂歸納法，謂由已知的個別特殊事例，推證普遍真理的方法，這些個別事例，須有相當足夠的多數，且與所歸納證明的事理有關，纔能推論達到共通的原理。所以，歸納法是由局部到整體，由小到大，由單獨到共有，由曲推全的方法，歸納法最重要的前提是依據事實，即有徵驗者。歸納論證是由已知為真的命題做前提，推論出可能為真的命題作為結論的論證。比較道德哲學應用歸納法，主要在於探討各種道德事象，研究其要素，說明彼此的關係，依此分析而設定一普遍原理。

（三） 演繹法

　　所謂演繹法，謂由已知的共通原理或法則，推論出個別特殊的結論。演繹法與歸納法之由特殊而得普遍者，正好相反，兩者相對而言。演繹法是使用正確的論證方式，由共通的原理或法則，以推知局部事理的方法，是由大到小，由全推曲，由整體到單獨的方法。演繹法的運用，必須先把握一般性的知識原理，這些普遍的原理有的是自明的、有的是數學上的原理、有的是科學上的定律、有的是一般的常識和經驗。比較道德哲學運用演繹法，主要在於根據某一道德原理而說明實際的個別的道德行為，並依此判斷道德的是、非、善、惡。

（四）直覺法

　　直覺又名直觀，意指直接的領會、體貼、印證、體認、知覺、證悟、判斷、認識，謂凡不經推理與經驗知識之間接方式者，稱為直覺法。西洋道德哲學史上有一直覺論學派，彼等主張吾人能以直覺來把握道德的原則，持此論者，皆認定人人天生具有分辨善惡及識別邪正的能力。直覺法是中國哲學家最常使用的方法，或謂直接體認法，或稱直接印證法，例如，孔子直覺「天生德於予」，他所謂「默而識之」也是一種直接體認，孟子直接悟知「萬物皆備於我」，也是一種直覺法，以及宋明諸儒之體認、體貼皆是，程明道說：「吾學雖有所授受，天理二字，卻是自家體貼出來。」[18]。

（五）批判法

　　一般而言，批判法是指康德的哲學方法，但廣義地說，批判法是為了察看某一類思想或知識是否有效？有無成果？於是對於吾人之認識機能或哲學思想之存有多少價值，重新加以評估、批判，以重新判定其適用的範圍之方法。批判法可應用於比較道德哲學之研究者，因道德哲學有許多矛盾衝突，懸而未決的問題，吾人理性批判各派學說之優劣得失，判定取捨，綜合各論，融貫創新。[19]

---

18 見《宋元學案》第 87 頁〈明道學案〉，台灣商務印書館發行。
19 比較道德哲學的研究方法，除了比較法、歸納法、演繹法、直覺法、批判法等五種重要方法外，尚可應用辯證法、邏輯分析、語意學的方法、現象學的方法、歷史研究法、心理學的方法、社會人類學的方法、綜合法、分析法、反省法等等。

第二節　中國儒家的道德哲學史觀

　　中華文化，淵源深遠，歷久彌新，上起三代，下迄至今，經數千年而愈高明，洋洋文風，筆墨難以形容其偉大，中華文化何能臻此廣大至善者？因有百家學術的匯聚融合，更有儒家哲學爲之大流主幹。儒家哲學由堯、舜、禹、湯、文、武、周公歷代聖哲所開創，而以孔子集其大成，加上後儒的承傳與發揚光大，遂成爲中華文化的中流砥柱，儒家此一聖賢相傳的思想血脈，以道德哲學爲其精神大本，這個道德精神乃是中國人的內心所追求的一種做人的理想標準。

　　因此，吾人說中國學問可以一言而括者，謂之道德的生命學問，它不以追求知識爲出發點，亦不以得到知識爲歸宿點，而最主要的是研究人之所以爲人之道，探討做人的道理，如何纔算一個人？人與人之間有什麼關係等，由此申論倫理思想，倫理道德遂爲中華文化的核心。[20]在中國人的心目中，一個人的道德人格重於一切，可以說儒家視倫理道德爲生命的綱紀，而道德人格又是生命價值的具體表現，歷代儒者用功，只是對倫理生活及道德人格的精思力踐而已，以下將分七點，簡明其義。

---

20 依中國傳統思想的觀點，所謂哲學，主要的內容實只是道德哲學，此種道德哲學和政治及教育哲學是相通連的。

一、《周易》的道德哲學

儒家哲學之所以注重道德，是根源於《周易》的憂患意識，由此憂患意識產生道德意識，所憂的不是富貴財勢或人生苦痛，而是學之不講與德之未修[21]。《周易》所言者，正是窮理盡性、進德修業與自強不息的做人道理，人為何需要如此做呢？因為效法天道而來，由於「法天」的原因，儒家的道德哲學更以《周易》的形上宇宙論為根基，它的思想是把宇宙論和道德哲學相連通，從宇宙的變化，依順逆之道，可以測知人事的吉凶，人生的吉凶在于順逆之道，法天者吉，逆天者凶，以天道為人生依從之道，把宇宙論和道德論相貫通，以宇宙論為道德論的形上基礎。

相傳伏羲畫八卦，〈繫辭下傳〉第 2 章曰：「古者包犧氏之王天下也，仰則觀象於天，俯則觀法於地，觀鳥獸之文，與地之宜，近取諸身，遠取諸物，於是始作八卦，以通神明之德，以類萬物之情。」可見《周易》作者的宇宙論，乃觀察自然萬物及人類生活諸現象，探求人物生命之來源為根據，而推知宇宙生化原理，〈繫辭下傳〉第 5 章云：「天地絪縕，萬物化醇，男女構精，萬物化生。」〈繫辭上傳〉第 5 章云：「一陰一陽之謂道，繼之者善也，成之者性也。」

可知，宇宙間的變化有兩個元素，陽為乾、為男、為天、為剛；陰為坤、為女、為地、為柔，這兩種元素性質不同，

---

21 孔子也有相同的憂患意識，《論語・述而》子曰：「德之不修，學之不講，聞義不能徙，不善不能改，是吾憂也。」

而可以互相結合，所謂剛柔相推，而生變化。這種變化是由太極而來，〈繫辭上傳〉第 11 章云：「是故易有太極，是生兩儀，兩儀生四象，四象生八卦，八卦定吉凶，吉凶生大業。」，所以，《周易》之原始有太極，太極變化而生天地，天地相感通而萬物化生，萬物生生化化，流行不息，表示天地好生之大德，因此，生生之謂易（〈繫辭上傳第 5 章〉），宇宙的一切變化，都為生生，使生命出現，萬物相通。

《周易》有六十四卦，卦的前後次序乃說明宇宙生化流行的原理，〈序卦傳〉言之甚詳。從六十四卦中可以看出乾坤兩卦的重要性，其餘六十二卦，皆由乾坤變動而成，乾坤為千萬變化、千萬事物所由出者，乾以中正剛健之陽德化坤，而萬物資始；坤以守貞永順之德承乾之化，而萬物資生不息，故云：「乾坤，其易之門。」（〈繫辭下傳〉第 6 章）。

《周易》思想的特色，在於形上宇宙和道德人生相貫通，原因有二：其一在本體上說，是因為人與天地萬物共一氣；其二在運用上說，是因為人在日常行為上常以天地為法，《周易》斷定吉凶悔吝的標準，可以說即在效法天地或不效法天地之間，六十四卦大象皆勉人「法天」之義，如〈乾卦・象辭〉曰：「天行健，君子以自強不息。」[22]，有大志的君子要完成德業，應當效法乾道，自己堅強起來，永無休止的求進步，不斷的努力，像天道一樣，永恒的運行，又如〈坤卦・象辭〉曰：「地勢坤，君子以厚德載物。」，坤卦代表大地的深厚，

---

22 熊十力在《讀經示要》卷 3 第 84 頁云：「天行健，明宇宙大生命，常創進而無窮也，新新而不竭也，君子以自強不息，明天德在人，而人以自力顯發之，以成人之能也。」

載育萬物，它的德性像大地一樣，含有溫柔和順，安祥貞正的美德，君子見此，應當效法它的所行，自勉於廣大能容之德。

由於效法天地之道的自覺，《周易》的作者有了憂患意識，所以，非常重視道德的修養，並且舉了九個卦，闡明九德，〈繫辭下傳〉第 7 章曰：「易之興也，其於中古乎？作易者，其有憂患乎？是故履，德之基也。謙，德之柄也。復，德之本也。恒，德之固也。損，德之修也。益，德之裕也。困，德之辨也。井，德之地也。巽，德之制也。」，這九卦大義總是教人要謙虛循理，卑己尊人，除去物慾，懲忿窒慾，遷善改過，困窮不亂，堅守中正之道，始終如一，恒久不已。

在這些修德工夫裏，謙德是一特別的德目，《周易》對謙德異常重視，謙卦六爻皆吉，是六十四卦唯一六爻皆吉的卦，〈謙卦‧九三卦辭〉曰：「勞謙君子，有終吉。」〈謙卦‧象辭〉曰：「勞謙君子，萬民服也。」謙卦具有亨通的德性，因爲它象徵天道的光明，能夠普照天下，又像地道深厚能容，長育萬物，而人的心理是愛好謙虛，厭惡盈滿的，所以，辛苦勤勞，貞正自守而又能夠以謙卑的德性約束自己的人，他的結果必然是吉的，治國者能修養謙德，一定會使萬民心服。

從上可知，《周易》是教導人類走向道德之路的，它如何指引我們真正建立高尚的道德人格呢？〈說卦傳〉第 1 章云：「窮理盡性以至於命。」[23]窮理者，窮究事物的道理，

---

23 熊十力在《原儒》第 30 頁云：「何是聖學？答曰：易說卦傳言，窮理盡性以至於命。此言已爲聖學明義界矣。」該書第 258 頁又云：「易說卦傳曰：窮理盡性以至於命，一言而總括內聖外王之全體。」

窮理至萬化根源處；盡性者，吾人以生命的精進力，善盡天地之性，以顯發自性固有的無窮德用，圓善無缺，還復吾人與天地萬物共有之本體共命。由窮理到盡性，從致知到復性工夫，是一般學者從事於道德存養的方法，此一思想下開《大學》「格、致、誠、正、修、齊、治、平」之道，再傳宋明程朱學派。

此外，〈繫辭上傳〉第 7 章亦云：「夫易，聖人所以崇德而廣業也，知崇禮卑，崇效天，卑法地，天地設位，而易行乎其中矣，成性存存，道義之門。」這一章論述效法天道，自謙有禮，是聖人用以崇高道德，廣大事業的要法，更亟言存養工夫不容稍懈間斷，必須存之又存，把握住內心受之於天的性，久而久之，吾人的言行自然合乎道德，故云：成性存存，道義之門。

吾人若能窮理盡性，存養不斷，生命將朗現何種境界呢？《周易》標立了兩個道德人格世界，一為君子，一為大人。君子是有道德的人，一個人立志向善，往道德之路全力以赴，必可成為君子，〈乾卦‧文言〉曰：「君子終日乾乾，夕惕若，厲無咎，何謂也？子曰：君子進德修業，忠信所以進德也，修辭立其誠，所以居業也。」又曰：「君子學以聚之，問以辨之，寬以居之，仁以行之也。」君子是有高尚道德的人，而君子之進德修業有大成就者稱為「大人」，大人為道德人格的最高典範，其境界如何？

〈乾卦‧文言〉云：「夫大人者，與天地合其德，與日月合其明，與四時合其序，與鬼神合其吉凶。先天而天弗違，後天而奉天時，天且弗違，而況於人乎！況於鬼神乎？」大

人何能臻此高妙境界？因爲大人存有一顆仁愛天地萬物的心，有先見之明，知照萬物，處於道的大化流行之中而不惑，立身處事合其宜，順乎自然，善守大道，能朗露天地精神，表現大人氣象。

總之，《周易》將道德人格劃分爲四個等級，最低一等是「小人」，一般大眾爲「庶民」，能進德修業者是「君子」，「大人」則爲進德修業而有大成就者，《周易》此一劃分，影響中國倫理思想極爲深遠，中國人的道德人格標準從此建立。

二、孔子的仁道哲學

孔子集前賢往聖的大成，其學廣大悉備，而以仁學爲思想核心[24]，成就一貫之道，謂之「仁道」。仁道是孔子道德哲學的最高理想，強調實踐力行的重要性，而以忠、恕、孝、悌、信、義、禮等爲踐仁的德目。茲簡述孔子仁道哲學的三個重要意義和內涵如下：

（一）仁的實踐精神

孔子的仁道以生命爲中心，最重實踐精神，仁本是踐履之事，而非文字語言的學習，整部《論語》，教人行仁，涵養道德人格，所謂「君子欲訥於言而敏於行」（《論語‧里仁》）正是仁的實踐精神，孔子說：「知之者，不如好之者，好之者，不如樂之者。」（《論語‧雍也》）此即表明了踐

---

24 吳經熊在《哲學與文化》第 125 頁中說：「儒家之仁，相當於基督教義中之愛德。聖保羅之論愛德，與儒家之論仁，也有互相發明之處。」

仁樂道的真精神。因此，吾人要在日常生活中實踐仁道，孔子勉之曰：「我未見好仁者，惡不仁者，好仁者，無以尙之，惡不仁者，其爲仁矣，不使不仁者加乎其身，有能一日用其力於仁矣乎，我未見力不足者，蓋有之矣，我未之見也。」（《論語・里仁篇》），可見爲仁在己，若能持志奮力，自強不息，踐仁就容易了。所以，仁是客觀的踐履之道，而非懸空蹈虛的理念。

須知，仁非但俱屬於人的內在精神與人格世界，更是人之所以爲人的本質，也是道德的總歸結點，人只要保持至善的本性，再擴充不忍人的惻隱之心，就可以實現仁道。孔子即以禮樂的陶冶、孝悌忠信等德目的力行，實踐仁道。要之，踐仁不僅是實踐客觀的道德規範，更是自我人格的實現，自己成就道德人格，孔子說：「爲仁由己，而由人乎哉！」（《論語・顏淵》）只須自覺爲善，仁道即現，苟能立志行仁，雖造次顛沛，唯有殺身以成仁，無求生以害仁。「殺身成仁」表現了生命的無限存在，成就了仁的至高意義，生命誠可貴，仁的價值更高，志士仁人就是從有限的生命中創造無限的仁的道德，表現了實踐道德人格的最高精神。

（二）仁的內聖外王之義

「內聖外王」一語雖出於莊子，卻是儒家哲學的根本大義，所謂內聖外王意指從內達外，由己及人之道。內聖爲道德實踐所達到的最高理想，而外王即以仁道治國平天下。換言之，內聖止於窮理盡性至命，外王極至位天地、育萬物、平天下。孔子的道德哲學，大抵可以內聖外王爲依歸，此種

內聖外王之道，就是所謂「一貫之道」，《論語‧里仁》孔子說：「參乎，吾道一以貫之，曾子曰：唯。子出，門人問曰：何謂也？曾子曰：夫子之道，忠恕而已矣。」曾子以忠恕昭明仁道，最能體認孔子的一貫之旨[25]。

　　忠者，至誠無妄，盡己之謂也；恕者，推己及人、大公至正，可以終生行之者，〈衛靈公〉子貢問曰：「有一言而可以終生行之者乎？子曰：有恕乎，己所不欲，勿施於人。」「己所不欲、勿施於人」僅是忠恕之道的消極面，更積極的說是己立立人，己達達人。能立己立人，必可成己成人，而成己成人，即內聖外王也。

（三）仁的愛人惜物、天人合一之義

　　孔子以愛為仁的根本義，仁者不僅愛人，也能愛物[26]，樊遲問仁，孔子曰：「愛人。」（《論語‧顏淵》）愛人是仁的表現，仁者的本心善良，自然能愛人，當然成人之美，不成人之惡，愛人者人恒愛之，人恒愛之，則遠怨矣。

　　仁道有上述三種大義，這些意義皆將落實在為仁之方，即建立道德人格的步驟上，亦是踐仁的工夫，顏淵問仁，子曰：「克己復禮為仁，一日克己復禮，天下歸仁焉，為仁由

25 方東美在《中國人生哲學概要》第 58 頁云：「儒家道德的一貫標準，便是孔子的忠恕。體忠恕以直透生命之原，合外內以存養生命之本，善由是生，仁由此成，這是儒家道德觀念的最勝義。」
26 天人合一是中國哲學的一貫精神，中國哲學有非常圓融的天人關係。中國先哲的生命精神與宇宙萬物是交感無間，和諧一致的，宇宙是大生命，人與萬物合體同流，人的生活不但充實自己的生命，同時增進宇宙萬物的生命。

己，而由人乎哉？顏淵曰：請問其目？子曰：非禮勿視，非禮勿聽，非禮勿言，非禮勿動。顏淵曰：回雖不敏，請事斯語矣。」（《論語・顏淵》）孔子以為涵養道德的根本工夫，是一心以天理為主宰，識察己私，克去人欲，日日戰勝物欲，事事求得合理，則天理流行，仁體當下朗露，即可天下歸仁，萬物皆備於我，渾然與物同體，使言行合乎禮節。

　　孔子答顏淵問仁，是從本源處言工夫，由此開出的第一步工夫當以孝弟為先，孝弟是行仁的第一步，君子能孝親，則民德歸向仁厚。俗話說，百善孝為先，而孝有三：「大孝尊親，其次弗辱，其下能養。」（《禮記・祭義》）。《論語》談尊親，以對父母的禮敬孝心為重，〈為政〉子游問孝，孔子曰：「今之孝者，是謂能養，至於犬馬，皆能有養，不敬，何以別乎？」至於弟，孔子云：「弟子入則孝，出則弟，謹而信，汎愛眾而親仁。」弟子出則弟，是恭而有禮，敬而無失的態度，君子與人相交，首先必須要求自己志剛無欲，心意真誠，容貌儀態端正，言行謙恭，寬厚待人，信而不失，勤敏從事，對人有惠，則四海之內皆兄弟，為仁易矣。

　　從上文，吾人得知孔子以仁為己任，一生情切於日常生活中實踐道德，以此自勵勉人，亦在日常生活中表現仁德，他的生活只是自然老實，心情愉快，容貌舒泰，心安理得，不怨不尤，他的精神真誠惻怛、悅樂不憂，人格高潔，使人對他表露敬仰之情，孟子讚之曰：「自生民以來，未有盛於孔子者也。」（《孟子・公孫丑上》）

三、學庸道德哲學的發展

由孔子到《大學》、《中庸》，是儒門思想的正宗，講道德哲學也順著這個學統來說，本要點分為兩部份，前半段談《大學》的明明德，後半段論《中庸》的「誠之」之道，此兩者皆言道德的建立及其發展問題。

（一）《大學》的明明德

《大學》原是《禮記》一書中的一篇，不知何人所作，朱子以為是曾子及其門人的著作，該書是儒家人生道德哲學的大綱領，首章的四句話最為重要，其言曰：「大學之道，在明明德，在親民，在止於至善。」所謂「大學」是大人之學，大人是指孟子所說能守人之大體者而言，人的大體是心思之官，守心之規範者，即成大人，所以說，大人即是君子，「大學」亦是君子之學，而有別於幼學及小學，《大學》正是講求道德人格的建立以及治國平天下的一貫之理。

大學之道在明明德，第一個「明」是動詞，作彰明解，第二個「明」是形容詞，明德是自身所本有的靈明德性，沒有私慾之蔽者。本來，人生之初，就有天賦靈明的德性，但是成年以後，有時難免為物欲所蔽，漸漸染上驕奢淫佚的惡習。

大學之道首先就是要修明「明德」，去人欲，存天理，使明德保持原本之純潔光明，不為物慾所誘，建立起自己的道德人格，並且日益發揚道德的光輝，充實人格的偉大，這就是明其明德。有了圓善的道德以後，向外推恩，行天地好

生之德，其目標在於親民，親民有教民、安民，使民眾能夠日新又新，進步不已的意義，這種明明德（修己）及親民（安人）都應當不斷實行，達到至善盡美的境地，這就是「止於至善」。

　　以上說明了三綱領的意義，《大學》接著陳述八條目的先後程序云：「古之欲明明德於天下者，先治其國，欲治其國者，先齊其家，欲齊其家者，先修其身，欲修其身者，先正其心，欲正其心者，先誠其意，欲誠其意者，先致其知，致知在格物。物格而后知至，知至而后意誠，意誠而后心正，心正而后身修，身修而后家齊，家齊而后國治，國治而后天下平，自天子以至於庶人，壹是皆以修身為本。」（《大學》第 1 章）

　　《大學》從三綱領到八條目，前後相成，始終一貫，它的歷程，以彰明自己的明德開始，至平天下止，就是明明德於天下的過程，明明德是內聖之道，主要的工夫在於誠意慎獨，《大學》第 6 章說：「所謂誠其意者，毋自欺也，如惡惡臭，如好好色，此之謂自謙，故君子必慎其獨也。」這一章說明君子致力於道德的修養，要特別注重個人獨處時的所做所為，不要欺騙自己，誠如曾子所說，一個人在獨處的時候，好像有十隻眼睛在注視著你，十隻手在指著你，這是多麼嚴格而可敬畏啊！

　　從《大學》的明明德開啟了《中庸》的「誠之」之道，以下簡論《中庸》的誠道與道德實踐的方法。

（二）《中庸》的誠道

　　《中庸》一書共有 33 章，分上下兩篇，上篇以中庸為主要思想，下篇以誠為主，但是，綜觀全書而言，「誠」才是

《中庸》最重要的一個字，上篇的率性慎獨皆以誠爲依歸，「誠」貫通了整部《中庸》的思想體系，而其意義如何呢？吾人僅提出「天人合一、內聖外王」爲誠的兩大內容特徵。

「誠」何以有天人合一之義？或「誠」何以是天人合一之道呢？《中庸》第20章說：「誠者，天之道；誠之者，人之道。」「誠」是天道，即天理自然之道，「誠之」是修養道德的工夫，《中庸》第20章可與第1章「天命之謂性，率性之謂道，修道之謂教。」合看，「性」是天所命於人者，天命貫注在人便謂之「性」，人皆含有誠的天性。若能順此天性而行，就充分發揮誠道，這便是「誠之」的工夫，盡了「誠之」的工夫，即可證知天命，貫通天命與人性。

「誠」本是道德實踐的德目，《中庸》把它形而上化，使道德哲學有形上學的基礎，即使道德的實踐有形上的依據，「誠」成爲無息的天道，《中庸》第26章說：「至誠無息，不息則久……天地之道，可一言而盡也，其爲物不貳，則其生物不測。」此章言明天道的生物不測，無窮不息，是在人的至誠無息之德之中表現出來。

換句話說，人有至誠無息之德，就可以載物、成物，而以博厚配地，高明配天，成其悠久無疆，則人可與天道合一，與天地合德，臻至天人合一的境界，故云：「誠」是天人合一之道，《中庸》第22章說：「唯天下至誠，爲能盡其性，能盡其性，則能盡人之性，能盡人之性，則能盡物之性，能盡物之性，則可以贊天地之化育，可以贊天地之化育，則可以與天地參矣。」。

以上吾人簡述「誠」有天人合一之義，明白誠是天人合

一之道，然而，「誠」又何以有內聖外王的意義？《中庸》第25章說：「誠者，自成也，而道自道也。誠者，物之始終，不誠無物，是故君子，誠之爲貴，誠者，非自成己而已，所以成物也。成己，仁也，成物，知也，性之德也，合內外之道也，故時措之宜也。」《中庸》所謂「自成」是自己成就自己的道德，即自己完成自己。「誠」不僅能成己之道德，「誠」也可以成物，因爲誠是天道，天道生生，使萬物生長，誠也是人道，使事物和諧發展，人人安居樂業。

　　成己是內，成物是外，成己成物表示誠道由內通達於外，合內外爲一貫，因此，己與物，內與外合而爲一，然而，誠道如何由內達外，合內外之道呢？《中庸》提出實踐五倫到九經的過程以爲詳解，《中庸》第20章說：「天下之達道五，所以行之者三，曰：君臣也，父子也，夫婦也，昆弟也，朋友之交也，五者，天下之達道也。尊賢也，親親也，敬大臣也，體群臣也，子庶民也，來百工也，柔遠人也，懷諸侯也，修身則道立……厚往而薄來，所以懷諸侯也，凡爲天下國家有九經，所以行之者一也。」

　　《中庸》此章詳言力行五倫到九經的達道，就是由修身齊家而懷諸侯的內聖外王之道。修身是內聖之事，爲修養道德，建立人格的階段，由修身到齊家是尊賢、親親于父子夫婦昆弟朋友之人倫之中，敬大臣、體群臣、子庶民、來百工、柔遠人、懷諸侯，則是治國平天下的外王事業，無論道德人格的建立或外王事業的開創，皆以「誠」行之，所以說，誠爲內聖外王之道。

　　誠有內聖外王、天人合一之義。可知，《中庸》以誠建

立君子的道德人格，已甚明矣。

四、孟子的性善論

孟子之學，以「性善」為宗旨[27]，性善論是修養道德的思想基礎，吾人談孟子的道德哲學，須先認識他的性善說。

孟子以為人的口味有同好，對聲色之美也有同感，至於人的心思所相同的是義理兩方面，人心無不喜歡義理，聖人只是先得我心之所同然，他以義理之幾希，分別人禽，創立性善論，主張人性本是純善，孟子以乍見孺子將入井的人心反應，說明人性本善，他說：「今人乍見孺子將入於井，皆有怵惕惻隱之心，非所以內交於孺子之父母，非所以要譽於鄉黨朋友也，非惡其聲而然也。」（《孟子・公孫丑上》）

從這個觀念來說，若人無惻隱之心，無羞惡之心，無辭讓之心，無是非之心，此人將淪為禽獸。孟子以為惻隱之心是仁之端，羞惡之心是義之端，辭讓之心是禮之端，是非之心是智之端，人有四端，猶有四體，然而，人雖有性善之端，卻容易為物欲所蒙蔽，所以，孟子進而主張存心養性，他說：「存其心，養其性，所以事天也。」（《孟子・盡心章下》）存心為保存心的本體，心的本體是善，心的本體就是性，存心是保存人性，保存人性的善端，再培養這些善端去發揚，只要日日操而存之，捨去多欲，克己節制，以心思之官約束感覺的官能，自然能夠漸至寡欲的境地。

---

27 熊十力《原儒》第 15 頁云：「孟子言性善，就吾人與天地萬物共同之真源而言也（真源謂宇宙本體），真源無有不善。」

　　除了存心寡欲之外，孟子更有盡心和養氣的工夫，他說：「盡其心者，知其性也，知其性則知天矣。」（《孟子‧盡心上》）盡心是盡量發展自己本心的善端，使仁義禮智發揚，成為完美的道德，孟子為了達此目的，進一步做養氣的工夫，〈公孫丑上〉有云：「我知言，我善養吾浩然之氣……其為氣也，至大至剛，以直養而無害，則塞於天地之間，其為氣也，配義與道，無是餒也，是集義所生者，非義襲而取之也。」

　　孟子存養的浩然之氣，與《中庸》至誠的境界相近似，孟子說：「萬物皆備於我，反身而誠，樂莫大焉，強恕而行，求仁莫近焉。」（《孟子‧盡心上》）[28]這是推己及人、民胞物與、天人合一之大丈夫的氣象，大丈夫位居富貴而不淫蕩其心，處於貧賤而不移變其節，威武脅迫而不屈服其志。大丈夫惟義所從，不動心更不失赤子之心，使自己的心清明空靈，人就能夠和天地萬物相互感通而往來不滯，自己的氣乃能充塞於天地之間，臻至浩然之氣的境界，這正是孟子所彰顯出的人格典範，孟子的道德哲學誠然宏偉。

五、荀子的禮論

　　荀子論性惡，《荀子‧性惡》開宗明義曰：「人之性惡，其善者偽也。」何以人性是惡？蓋吾人生而有好名求利，喜

---

28 熊十力《新唯識論》第 553 頁云：「儒者無有捨工夫而談本體，此等精神，在孔子《論語》中甚可見，孟子實承之，以啓宋明諸師。《孟子》書中有一段話最親切，其言曰：萬物皆備於我矣，反身而誠，樂莫大焉，彊恕而行，求仁莫近焉。」

愛聲色，嫉恨嫌惡等欲情，若是縱性順情而無所教化導正，終必歸於爭奪暴亂，而成為小人。所以，必須以禮法教導之，學習詩書六藝，並遵行禮義之道，成為君子。此處宜先分辨性、偽之分，〈性惡〉曰：「不可學，不可事之在天者，謂之性；可學而能，可事而成之在人者，謂之偽。」由是觀之，「偽」是人為後天努力學習而有成者，

　　因此，荀子有〈勸學〉篇，勸學即勉人努力學問，論學的目的在成君子，為聖人，方法在誦經讀禮，〈勸學〉曰：「學惡乎始？惡乎終？曰：其數，則始乎誦經，終乎讀禮。其義則始乎為士，終乎為聖人。」吾人講求學問，論究為學的方法，以諷誦經文為始事，以精研禮法為終事，而為學的目的及其意義，以當一志道之士為始，以進於聖人為終事，其工夫全在真誠積久而不懈，誠能積累功力，久而不息，則可以成德矣。依前言，吾人得知荀子之學以禮為依歸，「禮者，法之大分，類之綱紀也，故學至乎禮而止矣。」（〈勸學〉）禮是修己治人至極儀法，處事應變，觸類比附之綱紀，所以，學以止乎禮為最終鵠的，此乃道德的極致，故荀子云：「禮者，人道之極也。」（〈禮論〉）。

　　荀子禮與義相連說，所謂「禮義文理之所以養情也。」（〈禮論〉）荀子為了化人之性惡，乃提倡禮義，引導人情向善，因此，禮和義相提而不可分，禮是義的文理，義是禮的本質，君子之道，禮義之文而已。禮義是政治與教育的根本，有德者之所以成其為君子，是因為力行禮義，好禮義而不違，天下纔能不亂，禮義的作用在於使人能合群，有分際，〈王制〉云：「人何以能群？曰：分。分何以能行？曰：義。」

　　吾人不但有群體生活，可以組成社會團體，且要有親疏上下之等分與尊卑貴賤之分辨，纔能預防爭亂。所以，荀子曰：「義者，內節於人，而外節於萬物者也。」〈彊國〉又曰：「夫義者，所以限禁人之為惡與姦者也。」荀子所謂義，意謂按照每一個人的名份所應為之事，不能爭亂，不為姦惡者，使人人養生送死有其節文，生活自然安樂無憂，「所以養生安樂者，莫大乎禮義。」（〈彊國〉）

六、《孝經》論孝

　　孝為中華文化的特質之一，亦是儒家倫理道德的中心點，俗話說：「百善孝為先」，孝成為百行之本，萬善之先，儒家先王之道，莫大於孝，孔孟之教，莫先於孝。《孝經》開宗明義說：「夫孝，德之本也，教之所由生也。」原來，孝道是所有德行的根本，同時也是一切教化產生的源頭，一個人如何開始行孝呢？孝道由何而始？《孝經》云：「身體髮膚，受之父母，不敢毀傷，孝之始也。立身，行道，揚名於後世，以顯父母，孝之終也。夫孝，始於事親，中於事君，終於立身？」（《孝經》第 1 章）。

　　《孝經》以為自天子至庶人，孝不可一日廢之者，所以，天子有天子應行之孝，〈天子章〉云：「愛敬盡於事親，而德教加於百姓，刑於四海，蓋天子之孝也。」諸侯、卿大夫、士、庶人，皆各有其應行之孝道，所以，上自天子，下至民眾百姓，孝道是無始終，無窮盡，恒久存在的大道理，無人不能及之，人人可行者也。

　　顧名思義，孝是孝順父母，即事親，事親為孝之始，如何事親行孝呢？一般而論，能養父母是孝的起點，其次是「弗辱」，即不遭辱，不羞於親，最高的孝，莫大乎尊親。尊親不僅是尊敬自己的父母，自己也要立身行道，揚名於後世，使自己的父母能受人尊敬。所以，無論是事親、愛親、敬親、尊親，皆是一切道德的發源，因為，不愛其親而愛他人，不敬其親而敬他人者，皆可謂之違道悖德。因此，教民親愛精誠，莫善於孝，孝敬自己的父母，也尊敬他人的父母，國人能孝，天下治平矣。

　　孝不僅止於父母健在之時表示尊敬奉養，若父母見背，孝道並沒有完結，人子的孝行仍然繼續，其方式在於喪祭之禮儀，〈喪親章〉曰：「生事愛敬，死事哀戚，生民之本盡矣，死生之義備矣，教子之事親終矣。」父母去逝，孝子自然悲痛，美服不安，聞樂不悅，食不知味，但也不要過份哀傷，而致滅絕人性常情，須及時準備棺木被服，舉行殮禮，哀哭送殯，覓地安葬，並興建宗廟，招父母神靈來享受祭祀，一年舉行春秋二祭，思念先人的德澤，這種慎終追遠的喪祭，能夠使民德歸於仁厚，國家不亂，天下可治。

　　總持言之，孝是道德的本源，其意義有以下四點說明：（一）親親之義：孝是有差等的愛，愛敬自己的父母，再擴充而愛他人的父母，這是由親及疏，由近而遠的推恩。（二）返本之義：所謂返本，是返乎生命之本，吾人之生命由父母而來，故孝父母，是敬愛生命的來源。（三）感恩之義：父母生我、育我、教我，其恩昊天罔極，吾人感父母之恩，應該孝敬父母。（四）敬長之義：孝弟連說，孝弟即是敬長，

尊敬父老兄長。

　　如果孝道的四種道德意義，能夠在今日民主社會中彰顯發揚，則一切紛爭自可減少，殘暴風氣當可稍滅，社會到處有溫情，降低人與人之間的敵意，大同理想，指日可待矣。

七、宋明理學家的道德哲學

　　儒家在先秦，歷經了孔孟荀諸大儒的開創，及其門人弟子們的努力傳揚，已成為當世之「顯學」。爾後，秦以武力統一中國，雖然殘暴早亡，而其所定文章典制傳繼漢代，漢朝文治愈盛，經學發達，一位有體系的思想家董仲舒推崇孔孟儒學，提倡仁義禮樂，漢武帝遂尊崇儒家罷黜百家，使儒家成為中國思想的正統。

　　由漢至唐，其間有魏晉六朝，文風純美，以文哲為學術主流，清談玄學彌漫其時，雖有空靈意境，曠達胸懷與俊朗精神，可惜儒學不興。大唐奮起，宗教最盛，佛學宏展，俟韓愈出而倡儒家道統之說，抗斥釋氏，韓愈為一純粹的儒家學者，有志承繼孔孟的道統，〈原道〉篇云：「堯以是傳之舜，舜以是傳之禹，禹以是傳之湯，湯以是傳之文武周公，文武周公傳之孔子，孔子傳之孟軻，孟軻死，不得其傳焉。」儒家的這個道統，就是仁義，韓愈說：「夫所謂先王之教者何也？博愛之謂仁，仁而宜之之謂義，由是而之焉之謂道，足乎己無待於外者之謂德。」（〈原道〉）「博愛」即是「汎愛眾」，原本契合先秦仁道，韓愈所論正為儒學道統。

　　儒學再傳宋明，宋明二代是儒學的復興期，理學為其代

表，理學家行教化，實踐道德，要人去人欲存天理，使精神內斂，教人觀聖賢氣象，確信聖賢人人可學，以致知涵養兩種工夫並進，修養道德，建立人格。以下簡述七家大要，明其道德哲學。

（一）周敦頤以「誠」為學之本

濂溪的學問沒有師承，只是歷史運會所至，文化生命發展的結果，自然與聖賢相應，成為宋明儒的開山，生平著有《太極圖說》與《通書》，從二書宗旨看來，濂溪由道入儒，重在道德與事功的實踐，以「誠」為學之本，以欲為戒，而以無欲為學聖之要，《通書》第 20 云：「聖可學乎？曰：可。曰：有要乎？曰：有。請問曰：一為要，一者無欲也。」（《宋元學案‧濂溪學案》），「無欲」是濂溪道德的修養方法，人之所以能無欲者，乃無己私利害參雜其間，誠而已矣。

（二）張載〈西銘〉論道德人格

子厚為人剛毅，少年喜兵，出入佛老，自見二程子後，心歸儒學，毅然以聖學為己任，他說：「為天地立心，為生民立命，為往聖繼絕學，為萬世開太平。」這四句話是橫渠體貼儒學，而提出的偉大抱負。另著有〈西銘〉一文，更深言道德之踐履規模，〈西銘〉首先說明人與萬物皆稟受天地而生，所以，人與萬物渾然一體。因此，人人都是同胞，而花草萬物也是天地所化生，要愛護畜養之，不可任意摧殘。為人處事要忠誠，樂天知命，承繼父母的遺志與事業，修養道德，建立人格，恪保上天所賦予的善性，體認天道，自然

能夠窮神知化，到此境界，心胸自然光明磊落，純是孝子仁人的德行。

〈西銘〉以孝子喻仁人，要學者上承天心之仁愛，涵養一體之痛癢，建立完美的道德人格，則可以和天地萬物爲一體。

（三）程顥〈識仁篇〉識仁誠敬之道

明道的思想以識仁爲主，〈識仁篇〉曰：「學者須先識仁，仁者渾然與物同體，義理智信皆仁也，識得此理，以誠敬存之，不須防檢，不須窮索。」（《宋元學案・明道學案》）明道著〈識仁篇〉，首要學者識仁，默識純亦不已的道德本體，再以誠敬存養之，誠敬是存心養性，涵養道德的方法，所謂「敬以直內，義以方外」是克去己私，體物無遺的途徑。敬是不偏不倚，心得其正，學者只須敬守此心，不宜急迫，當涵養深厚，然後可以自得，心中便有個仁，則心不偏私，外物不足以動心，不過，人多爲私心物慾所蔽，遂與天地分隔，吾人識仁的目的，在於消除物我之限，返歸於萬物一體的境界，此一心境爲「自得之樂」的境界，明道以「自得之樂」爲人生最高境界，學至於樂則成矣，他的一首七律詩最足以表現這種偉大的胸襟：「閒來無時不從容，睡覺東窗日已紅，萬物靜觀皆自得，四時佳興與人同，道通天地有形外，思入風雲變態中，富貴不淫貧賤樂，男兒到此是豪雄。」（〈秋日偶成〉）。

（四）程頤的道德實踐論

伊川生性莊嚴，努力實踐聖人之道，爲了建立道德人格，

伊川指出三種步驟：①致知②持敬③養氣。伊川說：「進學則在致知」（《宋元學案·伊川學案》）致知在格物，格物是就每一件事上研究適確的道理，格物即窮理，窮理有幾種方法，或是讀書，講明義理；或是談論古今人物，判別其是非成敗；或是應對進退，處其當然，都是窮理致知的工夫，能致知，再持敬，伊川說：「涵養須用敬」，敬的精神是主一不亂，慎獨不欺，集義有成。能持敬，內心必得安定，養心就是把持內心的安定，養心也稱為養氣，為培養浩然之氣，先要有志，以志率氣，所以伊川說：「率氣者在志，養志者在直內。」（〈伊川語錄〉）而修持的工夫全在於寡欲、定志、專心、主一，使心存誠敬，自然能夠節制情欲，合乎中道。

（五）朱熹的窮理持敬

　　朱子為南宋一代大儒，集周邵張程等理學家之大成，學說的基本根源為理氣二元論，他說：「天地之間，有理有氣，理也者，形而上之道也，生物之本也；氣也者，形而下之器也，生物之具也。是以人物之生，必稟此理，然後有性，必稟此氣，然後有形。」（《宋元學案·晦翁學案·答黃道夫》）朱子以理氣二元論為基礎，對於道德的涵養，兼採各家所長，主張格物致知，克己持敬。茲簡述如下：

1.格物致知（窮理工夫）

　　格物致知是就每一件事物去研究，以窮知每一件事物的道理，這種格物工夫要逐一做去，精粗大小都要格它，用力日久，積學既多，自然貫通，在事物之理之極處，就有一個是，一個非，是者行之，非者去之，自然體驗出一個是非善

惡的道德標準。

2.持敬克己

　　由格物致知體認出的是非善惡，必須隨時反省，不斷做居敬工夫，方能有成。所謂「敬」，是把心收拾起來，使心常惺惺，謹畏專一，這種持敬，須是敬以直內，存天理，去人欲，使內心沒有不直處，表裡如一。

　　從以上兩點說明，吾人可以看出，朱子講學修身和道德實踐的工夫，第一在居敬主一，克己復禮，收拾自家精神，然後格物窮理以致知，他最主張力行實踐，誠如朱子所說：「學之之博，未若知之之要，知之之要，未若行之之實。」（《宋元學案·晦翁學案》）這種教人自去理會，自去體察，自去涵養的思想，代表道德實踐的真精神。

（六）王陽明的致良知教

　　王陽明的學說，依其學統，稱為「心學」，學者尊之謂「王學」，王學是融貫陽明的道德人格與學問事功之偉大思想體系，要人實際去用功，工夫全在於實踐力行，總持學說大綱有三：①心即理②致良知③知行合一。但是，吾人須知，心即理、致良知、知行合一，此三者不可分，是一以貫之的整體之道，學者即知即行，自可去人欲存天理，成就道德人格，而終以天地萬物為一體，陽明的〈大學問〉就是倡明「一體之仁」為宗旨。

（七）劉宗周的慎獨改過

　　宗周的核心思想是慎獨誠意之學，其工夫是訟過、改過，

具體實踐方法俱在《人譜》（原名《證人小譜》）。《人譜》
是他精思力踐儒學的生命學問，三易其稿，一再修訂，直到
臨終前一個月止，可謂晚年定論。《人譜》專為改過而作，
宗周強調改過遷善的重要性。

　　他深切體認過由妄生，私欲之蔽，習染之害。因此，有
通身都是罪過的罪惡感，即使經歷各種修養工夫，通身仍是
罪過，蓋靈明本心自覺己過，自覺仍有諸多過失有待改正，
且尚未成聖。因此，一生力踐主敬（修己以敬，修身以禮）、
慎獨、誠意、靜坐、知幾、慎動、小心窮理、克己、自省、
內自訟、存天理遏人欲、勤學去蔽、克治妄念、化念歸心、
化念歸思、化思歸虛、證人盡性等修養工夫。

　　換言之，《人譜》是宋明儒家改過成聖之學的最高成就，
改過即遷善，亦即成聖之道。宗周朗現聖人氣象，最終以生
命證成人極，道德人格臻於至善。

　　從王陽明到劉宗周，明朝的學術思想告一終結。至清代，
滿清入主華夏，為了維持統治局面，酷行文字獄，使清儒埋
首在考據、訓詁、音韻、文字、校刊輯佚等學之中，欲求知
儒學的本來面目及文獻真義。對於道德哲學方面，皆主修持，
顧炎武、顏元、李塨、王夫之、戴震、焦循等學者為其代表，
他們力主實學，講經世致用，痛恨滿清入主中原，常懷復國
大志的心胸，這種精神影響所及，最後，終於造成國父孫中
山先生的革命運動，推翻滿清，建立民國。

　　以上簡述儒家道德簡史，依時代的先後，說明儒學的傳
承，當然不盡詳盡，但就整個綱要而言，或可多少彰顯陽明
學說的歷史意義。後文第二章將專論王陽明的道德哲學。

第三節　西洋道德哲學史觀

　　西洋哲學始於希臘，而以泰里士（Thales 624～546 BC）為鼻祖，泰里士認為水是宇宙太初，是萬物根源，此說衝破了宗教神話的領域，進入哲學與科學的範疇，即以實際觀察的科學方法，正式提出哲學問題，研究宇宙的構成本源。希臘前期哲學大抵集中於此範圍，歷經百餘年，至蘇格拉底出，則轉向推論人生目的與窮究道德問題，作為學問之本。因此，吾人論述西洋道德哲學簡明史實，當以蘇格拉底為開始，以下將分十三個要點，略論如下。

一、蘇格拉底論道德與知識

　　蘇格拉底（Socrates 470～399 BC）[29]是雅典人，當時社會公認人生應具備四種德性的修養，這四大德是智慧（Wisdom），勇敢（Courage），公正（Justice），節制（Temperance）。何為智慧？蘇氏謂人有辨別是非善惡的知

---

29 綜觀蘇格拉底一生，唯求「知行合一」的哲學而奮鬥，為此真善美之境界而以身殉道，其人格之偉大，實可和孔子相比擬，據謝幼偉在《西洋哲學史》第 64 頁之意：「蘇格拉底和孔子，至少下列三點是相同的：（一）孔子好學不厭，誨人不倦；蘇格拉底亦不斷追求真知，教導青年。（二）孔子為人正直，忠恕待人；蘇格拉底亦仁愛待人，守法無偏。（三）孔子罕言性與天道，喜談人生道德；蘇格拉底亦專談人生問題，視一般哲學家談宇宙本質為愚蠢。」筆者以為蘇格拉底和孔子都是學思並進、知行合一、影響深遠、道德境界超凡入聖，蘇格拉底和孔子都是偉大的哲人。

能；何者為勇敢？彼謂人有處變能力，知危而應付自如，臨事有謀，智慮不亂者。所謂公正，即對人我關係有正當的知識，知所以自處之道；所謂節制，即知嚴格律己。蘇氏探討四德得一結論：道德與知識不可分。知識是道德的基礎，有了知識才能知道修德，所以蘇氏說「知識即德行」，蘇格拉底遂把道德哲學奠基於知識的基礎上。

　　然而，何謂知識？辯士派以為知識由個別感覺而來，蘇氏表示不敢苟同，他認為知識非由經驗上的感覺而生，感覺得不到正確的知識，因為感覺所接觸的，只是事物的現象，而非事物的內在元素，所以，要認識事物的本質，要得到真正的知識，唯有運用理性的思維，這種由吾人理性的思辨而得的真知識，乃人類從深思所覺知的知行本體，知識與道德生活已打成一片，知識即道德，道德即知識。

　　此種知識包括一切的「知」與「行」，有如王陽明的知行合一，所謂「知之真切篤實處即是行，行之明覺精察處即是知」一樣，要有真知才能力行，須篤行踐履才能明察確知。[30]因此，只有包括了「行」的「知」，才算是真知，此種含「行」的「知」即是「德」，只有這種德，才能求得「善」，所以「求善」成為人生的最高目的。

　　蘇氏認為吾人內心所求者，唯善而已，天下人無不求善，且無人有意為惡，一般人或許為惡，實因無知故，不知善為何物，設使人人皆有善知識，則無人有心為惡矣！

30　見謝幼偉著《西洋哲學史》第 70 頁。

二、柏拉圖的靈魂解脫論

柏拉圖（Plato 427～347 BC）的哲學是西方思想最主要的根源，他的理型說（Idea）把現象和本體劃分為二，產生了對立的兩階層，即「可思世界」與「可視世界」，或言觀念界（理型界）和事物界（現象界），兩者的關係是現象界分享了觀念界的存在。所謂「分享」就是現象界的事物，乃分享或佔有理型而成，人之所以為人，乃人佔有了人的理型。可見，理型是普遍的實在，而不是個別特殊的現象，理型是事物的本質，是所以使某一物成其固定型態者，例如，桌子之所以成為桌子，是因為有桌子的理型，沒有桌子的理型，桌子便不成其為桌子了。

由於理型說，柏拉圖把宇宙劃分為兩個世界，一為有變易生滅、不完全的現象界，另一為沒有缺陷最完美的理型世界，吾人生活所求，當自現象世界中解脫出來而復返入於理型世界。易言之，吾人要努力追求靈魂的超越，即靈魂從肉體中解脫出來，以求得靈魂的和諧，這才是人生的目的。[31]

吾人如何求得靈魂的和諧？柏氏認為人的靈魂有 3 個部份，一為理性的靈魂，位於人的頭部，其德為智慧；二為高貴的靈魂，位於人的胸部，其德為勇敢；三為卑下的靈魂，位於人的下部，其德為節制。這三種靈魂相互合作，各自完

---

31 柏拉圖以為靈魂是單一不可分的、神智的、高尚尊貴的；肉體不是單一不可分的、是雜亂無智的、卑微低下的。所以，哲學家當求靈魂的解放，使靈魂從肉體中分離解脫，這是哲學家一生專注研究的事業。

成其所具有的德性，以達到彼此的和諧，此種和諧的靈魂，是以理性為主宰，卑下的慾望應有節制，且絕對服從理性的控制。

因此，所謂靈魂和諧，就是理性自主。理性何須自主？蓋人類雖有理性，但仍有情感和慾望的衝動，若情慾泛濫，主宰行為時，人類如何為善？必須理性作主，宰制情慾，吾人的言行才能合乎中道，表現美善。所以，為了使情慾不能得逞，吾人應服從理性，排除情慾，最後使靈魂超脫於肉體之內，解除肉體對靈魂的囚禁和束縛，至此，靈魂能夠自由自在，而臻於不朽。

柏拉圖把他的哲學運用到政治理論上，遂有「理想國」的組織關係，這種政治理想，實際上即為倫理道德的理想。理想國把人分為三類，即三個階層，猶如我們個人的靈魂，也分為三部份。最高是哲學家，[32]是統治階級，貴有理性，為愛智者，其德為智慧；次為軍人戰士，此第二類人，以服從命令，戰鬥殺敵為最大任務，軍人的道德厥為勇敢，剛毅不撓；第三類人是平民，農工商賈、僕人、奴隸等，彼等猶如我們卑下的靈魂，多慾貪得，應有節制的道德。上述三個階層人士（哲學家、軍人、平民）若各能修養其所應具的道

---

32 柏拉圖的理想政治，是「哲學家為王」的賢人政治，為何要哲學家為王？蓋柏氏所指之哲學家，有下列諸德：（一）有追求理型（Idea）知識的熱誠。（二）輕視肉體之樂。（三）正直慷慨，豪放溫柔。（四）愛真善美，有和諧的性情。（五）重視精神心靈，輕視錢財物質。有這些品德的人，猶如中國之聖賢，他們並非天縱賢能者，而是經過長期的教育訓練，科目眾多：詩歌、音樂、數學、天文、辯證學等，而以倫理學（即道德哲學）為其最高研究，蓋倫理學是研究最高善的學問。俟哲學家認識最高的善，他們即可處理國家的最高職務。

德，各司職責，不相踰越，而使三種道德（智慧、勇敢、節制）和諧發展，這就是正義的實現，吾人的道德也能涵養完善矣！

三、亞里士多德的中庸之道

　　亞里士多德（Aristotle 384～322 BC）的道德學說影響了歐洲兩千年來的思想和生活相當深遠，在西洋道德學派中得稱上「正統」兩字。[33]亞氏以為人生在世，自然有所追求，猶如幼蟲求變為蛹，蛹再求變成蛾，一切動物必向預定之某一目的求進，人生亦同，凡人希求天賦得其完全充實美滿，而能止於至善。所以，人生的目的在追求至善的生活，這種至善的生活可以一言而概括之，謂為「幸福」，故追求幸福為人生目的。

　　如何求到幸福？亞氏認為唯有道德始能得之，道德是人之所以為人的本質，使人異乎其他動物，因為，動物只有感官知覺，而人類尚有理性及倫理，即有道德的活動。依亞氏之說，吾人有兩種德性，一為理智的德性，一為倫理的德性。所謂「理智的德性」是指吾人對於事物的知識，對是非善惡有所認識，知道何者為善？何者是惡？這對我們的行為是有助益的，使我們在日常行事之間，表現得較為謹慎和穩健，

---

33 謝幼偉先生在《倫理學大綱》一書第 67 頁上說：「所謂正統派的倫理學說，就是作者認為正確的，可以採取的，而且也是我們所需要的倫理學說，在倫理學裡，雖然只有少數人對這種學說加以『正統』兩字，但自這種學說在歷史上所占的地位而言，確也夠得上『正統』兩字，這在西洋就是亞里斯多德的倫理學說，在我國就是孔子的倫理學說。」

避免因無知而為惡。

　　此外，所謂「倫理的德性」就是勇敢、節制、溫和、誠實、慷慨等，這種倫理的德性並非天生自成，而是需要經過道德的訓練，為何必要經過道德的訓練？因為人類除了擁有理性外，尚有各種情感和慾望，若由情感和慾望任意發展，則傾向為惡，但是，人類又無法徹底將情慾消除。所以，人類的道德只是使情慾受理性的控制，所謂道德的訓練就是訓練理性指揮情慾，使情慾受理性的導正，逐漸增加理性的活動能力，最後完成自己的理智生活。這種發展理性生活的歷程，正是人生的目的。

　　亞氏所謂道德的訓練，在使吾人能夠辨別善惡，並養成良善的習慣，善惡的區分何在？亞里士多德以為善惡的區別以是否合乎中庸為標準，合乎中庸為善，過與不及為惡。如何選擇中庸？去其兩端而取其中道呢？其要法則在吾心運用理智，周詳審查，對人、物、事、時、地有正當抉擇而能恰到好處，適得其中者，謂之中庸之道。例如，我們的行為，魯莽是過，懦怯是不及，唯勇敢才是中庸；又如在日常生活上，奢侈是過，吝嗇是不及，唯慷慨才是中庸；如在情感的表現上，放蕩是為過，麻木是為不及，唯節制則為中庸等等。[34]

---

34 亞里士多德論中庸與儒家所謂中庸頗有契合之處，《中庸》第 2 章仲尼曰：「君子中庸，小人反中庸，君子之中庸也，君子而時中，小人之反中庸也，小人而無忌憚也。」根據朱熹《四書集注》註說：「中庸者，不偏不倚，無過不及，而平常之理，乃天命之所當然，精微之極致也。」《中庸》一書中尚有多處言及中庸之道，如「執其兩端，用其中於民」，「擇乎中庸」，「君子依乎中庸」等。這和亞氏的中庸說，幾乎如出一轍。但是，亞氏的中庸之說，與儒家的中庸之道，尚有根本相異之處，蓋亞氏所謂中庸，是經過學習訓練，即有賴於理智的計量。而儒家的中庸乃基於天性，性無不善，且發無不中節者。

　　吾人若能持守中庸之道，又有智慧及道德的內在之善，這是否能獲得幸福呢？亞氏以為這仍不一定是幸福，因為人處社會之中，不能離群索居，所以需要外在之善的協助。所謂外在之善，如：好的朋友，足夠的財富，溫暖的家庭，賢肖子女，容貌端莊等，這些外在之善是幸福的輔助條件，能集合內外之善即稱為幸福。

四、克己論的禁欲苦行

　　古代西洋道德哲學派別有一禁欲主義者（Asceticism），以犬儒學派（Cynicism）及斯多噶學派（Stoicism）為代表，他們的倫理思想與快樂主義相異其趣，本要點分兩小部份，簡述其說。

（一）犬儒學派

　　本學派的創始者為安提斯散尼斯（Antisthenes 445～365 BC）因仰慕蘇格拉底的哲人風範，乃與之從遊，蓋有感於蘇氏不辭勞苦的堅毅精神，遂而倡導簡單生活，過貧苦的日子，彼等主張刻苦耐勞，簡樸吃粗，克己禁欲，乃能使人幸福。他們所謂幸福，是無欲求，不為情欲所左右，獨立自主，自由自在的境界，這種修持，其實就是道德的涵養，以習苦為途，其目標是禁除慾望，減少物質需求，不為物役，不為情牽的自主德性，人生的目的就是志在取得自由自主，且使一切歸返於自然。

　　犬儒學派不僅在理論上持論克己思想，更在實際上，力

行一種極簡單的生活，他們只有以刻苦鍛鍊來修養道德，唯德是求，而輕棄財富、快樂、榮譽、權勢、地位等等，他們身上擁有的，除一衣一杖一碗之外，別無他物，食不飽腹，衣不敝體，安貧樂道，不以爲恥，這種苦行主義，實非常人所能及之者。[35]

（二）斯多噶學派（Stoicism）

此派的道德哲學雖淵源於犬儒學派，但兩者的思想並不盡相同。斯多噶學派的創始人是齊諾（Zeno 340～265 BC），他的道德格言是「依照本性而生活」，所謂本性，實指理性而言。所以，這句話的意義即依照吾人的理性而生活，能符合自己的本性，即依理性而動，這種理性乃爲天賦，蓋宇宙有其理性化之普遍自然律，一切人物皆受其支配而無例外，故人亦有天然之理性，吾人當率性而行，即遵照理性而行。

但是，人雖有理性，同時也有天賦的情感和慾望，理性、情感、慾望三者同爲天賦而存有，若理性不能主宰情慾，使情慾起了作用，則吾人將發生慾求、快樂、悲痛及恐懼四大種類的病態心理。屬於慾求者有憤怒、仇恨、戀愛、希望等；屬於悲痛者有妒嫉、煩悶、痛苦、憂愁等；屬於恐懼者有驚訝、畏怖、羞恥等；屬於快樂者有歡娛、逸樂等[36]。以上這

---

35 依歷史記載，犬儒學者迪奧尼斯（Diogenes）白日在乞食途中，眼見一童徒手掬水飲喝，遂把自己僅有的一隻碗丟棄。某天，亞歷山大大帝特訪，問他需要什麼？迪奧尼斯仍靜坐在木桶中，悠悠晒著太陽，安然對著大帝說：「請走遠些，不要遮住我的陽光。」參見鄔昆如先生著《西洋哲學史》第 84 頁。

36 參閱張東蓀著《道德哲學》第 176 頁。

些心病，皆非常態，更非道德的表現，真正道德的表現在於自己有節制，亦即以理性來控制情慾。因此，道德的第一要義是克制私慾，使理性自覺，自作主宰，又自願為德性而實行德性，只有這種真道德，才能使我們有幸福。

　　此一幸福的極致，是理想中的「賢人」（The Sage），賢人是理想的道德人格，有以下 4 種德性：①賢人除情絕慾[37]，無希求、無逸樂、無悲痛、無恐懼。②賢人完全自主，依照理性而行，不受習俗約束，不為迷信所困，可以為王。③賢人在俗事上孝敬父母，友愛兄弟，合群交友，但在精神上，因性命天道相貫通之理，故能獻身於神，與神相契。④賢人有時可以從政，得以身殉道。（齊諾因相信自殺合乎情理，終以自盡結束生命。）

五、快樂論的悅樂之道

　　快樂論是西洋道德哲學史上一種很流行的思想，因為以快樂當做人生的目的，是具有吸引力的，因此，此派學說頗具聲勢，吾人不得不知。

　　最先提倡快樂主義的是亞里士戴布斯（Aristippus 435～350 BC），據史稱亞氏為蘇格拉底的學生，蘇氏認為人生以求善為目的，善為何物？蘇格拉底沒有具體的解說，亞里士戴布斯遂主張善即是快樂，惡即是痛苦，而人生當以求快樂為目的，這種快樂是個人的快樂，由自己的感受來斷定快樂

---

37 除情絕慾是道德的最高目標，此與中國宋明儒存天理去人欲不近相似。

或痛苦，此一感受是由外物因運動刺激吾人所產生之內在心靈的感覺，外物運動有溫和的、強烈的、微小的三種情況，由溫和的運動刺激吾人，可以產生快樂的感覺，強烈的運動產生痛苦，微小的運動無苦樂可言。

人生的最高目的就在求得溫和運動所產生之快樂感覺，而避免由暴烈運動所產生之痛苦感受。可知，這種快樂的感覺是積極的、個別的、當前的、活潑動態的、沒有性質差別的、直接感受，非玄想的、非寧靜的。其結論是：肉體的快樂遠超過精神的快樂之上，而有縱慾的傾向了。

然而，亞氏深知，如果縱情享樂，必定招致痛苦，所以強調吾人要左右快樂，宰制享樂，不為快樂所奴，但如何永遠不痛苦呢？為此則要有「智慮」（Prudence）的修持，那是表示一種細心謹慎、深思熟慮、明辨精審的德能。如此，亞氏把知識和道德皆看作求快樂的工具，而個人的快樂卻是人生唯一的目的。

與亞里士戴布斯同持快樂論者，尚有伊壁鳩魯（Epicurus 341～270 BC）。伊壁鳩魯與亞里士戴布斯之快樂論不盡相同，前者似較後者為進步，因亞氏之所謂快樂，偏重當前肉體感覺的快樂，而伊氏之快樂論，偏重精神上的寧靜安適、無煩憂、無痛苦的「無歡之樂」。雖然，他認為追求快樂和逃避痛苦是人性的要求，但是，真正的快樂必須建立在各種節制上，仔細衡量利弊得失，趨吉避凶，選擇最好的結果。他在寫給朋友的一封信上說：「吾謂快樂為目的者，非謂感覺上的快樂……乃謂身體無痛苦，與精神無煩惱也。導致快樂生活者決非豪飲饕餐，男女戀愛，侈奢浮華等，而寧為冷

靜的推理，以明一切舉止之當否？且得破除擾亂心神之迷信。是以智慮是爲必要，其他諸德皆由此而出。」[38]。

　　爲求上述快樂之獲得，其方法決非縱慾而是在制慾，使情慾妄念不起，則心靈乃能安恬靜止，不受驚動侵擾，這乃是免除一切煩惱痛苦，卻是永久和平的至樂。這種快樂與德智成正比例，凡道德智慧愈高者，快樂愈大，愚妄無知之人，無不煩惱痛苦，所以道德與智慧（知識）是達到快樂的途徑。

　　道德與智慧不斷修持，成一「智者」（The Wise Man），智者是有德、有智之人，亦必是真樂之人，智者異於常人之處，有如下特點：①智者不畏神、不畏死、不迷信。②智者不結婚生子，不參與政治，僅以交友爲樂。③智者理智清明，雖窮困而不憂，明哲保身，不自棄其生命，自滿自足，永久常樂。

六、中世紀的道德哲學

　　中世紀的哲學是希臘、羅馬和希伯來等文化的融合，而所謂希伯來文化，主要就是基督宗教，基督宗教教義以《聖經》爲主要內容，《聖經》分〈舊約〉與〈新約〉兩部份，〈舊約〉的摩西十誡，代表希伯來人的道德律，吾人論中世紀的道德哲學，當以十誡爲首要。

　　《聖經・舊約・出谷記》第20章記載天主頒佈十誡，〈申命記〉第5章梅瑟又重申了十誡，此十誡即：「一、我爲爾

---

38 參閱謝扶雅先生著《倫理學新論》第154頁。

神耶和華，爾在我的面前，不可奉我以外的任何物爲神。二、
爾不可爲我彫刻任何偶像，不可作何種形狀，不可崇拜任何
偶像形狀。三、口不可濫言爾神耶和華的名。四、做爾的業
務 6 日，第 7 日不可再作任何業務。五、要敬爾父母的教。
六、爾勿殺。七、爾勿奸淫。八、爾勿偷盜。九、對爾鄰人，
勿立虛妄的證據。十、爾勿貪鄰人的妻、勿貪鄰人的家財和
其僕婢牛馬等一切財物。」，摩西十誡的思想，支配了當時
的倫理道德，影響後世相當深遠。

　　到了〈新約〉時代，基督宗教的道德思想，以信、愛、
望爲三主德。[39]〈哥林多前書〉第 14 章有云：「如今常存的
有信、有望、有愛，這三樣，其中最大的是愛。」〈帖撒羅
尼迦前書〉第 5 章亦曰：「把信和愛當作護心鏡遮胸，把得
救的盼望作頭盔戴上。」愛是從天主而來，因爲天主（上帝、
神）就是愛，天主愛我們，爲什麼說神愛我們？因爲神差遣
他的獨生子來到世間，使我們藉著他得生，神愛我們的心，
在此就非常明顯了。

　　因爲神愛世人，所以，世人也要盡全心、盡全力的愛天

---

39 羅光總主教在《中國哲學的展望》一書中，就《聖經》的愛與儒家的
　仁，有所比較，他說：「兩者互相比較，《聖經》的愛和儒家的仁，有
　相同之點，也有異點，相同的是：二者都來自天主，因爲儒家的上天
　即是天主。《聖經》的愛和儒家的仁都表示生命，又是人的生命中最
　重要的活動，爲一切善德之首。所不同的是：《聖經》的愛直接由天
　主自己表現出來，《聖經》的愛給與人以天主的生命，即是超於人性
　的生命；儒家的仁由天主因著天地的變化而表現出來，天地的變化給
　人的生命，是人本性的生命。兩者在倫理道德方面，《聖經》和儒家
　都以仁愛爲最大的誡命和最大的善德。有《聖經》之愛的人，稱爲聖
　人，有儒家之仁的人，稱爲仁人，兩者都是完人。」參閱《中國哲學
　的展望》第 555 頁。顯然，羅光的比較，是基督宗教的觀點。

主，除了愛神之外，當孝敬父母，且人與人之間，也要彼此相愛，〈約翰福音〉第 14 章云：「我賜給你們一條新命令，乃是叫你們彼此相愛，我怎樣愛你們，你們也要怎樣相愛。」人世間的相愛，其極則是「愛人如己」（〈馬太福音〉第 19 章），若能愛人如己，則偷盜、殺人、姦淫、貪婪、詭詐、嫉妒、誹謗、狂妄等罪惡將可不為。除不為惡外，甚至要愛仇敵，化敵為友，蓋我們願意人怎樣待我們，我們也要怎樣待人。

至於「信」和「望」，〈新約〉中亦有多處言及者，〈馬可福音〉第 6 章云：「不要怕，只要信。」不要怕，也不要疑惑，只要禱告盼望，信主耶穌，則凡事都能，且必得救，有永生。〈羅馬書〉第 8 章曰：「我們得救，是在乎盼望。」

以上簡述《聖經》的道德觀，此一思想影響中世紀哲人，吾人僅舉奧古斯丁及多瑪斯二人，以明其大義。

奧古斯丁（St. Augustine 354～430）的道德哲學，主張幸福說，幸福是人生的目標，欲達成此目標，需要依靠上帝的恩典，為何要靠神（上帝）的恩典？因為人有原罪不能自救。所以，唯有天主（上帝）的仁愛與恩典，人類才能得救。人生的最高目的，在於得救後復歸於神，而與上帝相結合。易言之，唯有上帝的存在才能保障吾人內在心靈的寧靜和人生幸福的達成。

另外，著名的多瑪斯（Thomas Aguinas 1225～1274）更是中世紀最著名的哲人，多瑪斯認為人生的目的在求善，善惡以理性為標準，凡是吾人行為合乎理性者為善，此一主張，學者名曰：「主知主義」。人世間的善皆是相對之善，絕對

的最高之善是上帝，要認識上帝，首須修德，多瑪斯以希臘的四樞德（節制、智慧、勇敢、正義）和基督教的三主德（信、愛、望）爲德目，前者爲現世道德，後者爲宗教道德。修德的最高目的是「享見神」，乃是「在神恩裡生活」，此義就是認識神和愛神，由愛神而愛人，實現最高之善，即最高的幸福，但是，短促的人生，今世無法達成最高之善，唯以現實生活爲神恩生活的準備，等待來生。

七、效益主義的道德觀

效益主義（功利主義，Utilitarianism）是英倫哲學的一大學派，此派思想非他，乃求人我兼相利的感覺快樂論者，代表人物有霍布士、邊沁、穆勒等人。

霍布士（Fhomas Hobbes 1588～1679）以爲經驗是知識的唯一基礎，外界事物先通過吾人感官，再造成概念，而終成知識系統。所以說，思想的來源是經由感官之感覺，常人的感覺，只有快樂或不快樂的差別。因此，知識也只有區分爲快樂或不快樂兩種，真知識是使我們快樂的知識，那些不能使我們快樂的知識是無價值的假知識。當然，人人唯樂是求，求樂是利己的表現，利己是行爲的唯一動機，凡有利於己者就是善，利己也是人的天性，所以，利己的就是善。申言之，凡可以致人於快樂者皆是善，反之爲惡，故霍布士不承認人類有純粹的利他心，一切看似利他的行爲，其實皆爲間接的利己。

霍氏對人性及群己關係的看法相當特異，他以爲人與人

之關係，像是豺狼一般，互相利用，相互欺騙，彼此詐取，人生之初，並無道德之同情心，唯有利己之動機爲出發點，但是，人人如唯求利己，必有相爭之亂事，所以，利己又利人，利人用以利己，其所得之樂，方爲真善。

　　集效益主義之大成者爲邊沁（Jeremy Bentham 1748～1832），他以爲人生以求幸福爲目的，幸福成了道德的標準；使人增加其幸福者謂之善；使人減少其幸福者謂之惡。然而，善惡又以苦樂爲準繩，苦樂是善惡的標準，人之一生全受苦和樂的影響，無人例外，凡人皆有苦樂之感，且吾感覺快樂者，他人亦必感覺快樂；他人感覺痛苦者，我亦必然感覺痛苦。此意謂苦樂非祇是主觀的感覺，乃具有客觀的存在，苦樂既是客觀的存有，則可以計量查測，邊沁提出七種苦樂計算方法：（1）強度（Intensity），（2）時間持續的長短（Length），（3）確實性（Certainty），（4）屆期速度（Speed），（5）相生之量（Fruitfulness），（6）純粹性（Purity），（7）範圍（Extention）[40]。

　　所謂強度，乃強弱之分。申言之，苦樂之感有強弱之分，長短之別，是否確定？現在或未來？是否有相生關係？是否純粹？影響的範圍廣狹之異等區分，吾人即可依此七種標準，計算苦樂的大小。例如：兩種快樂在此，若有一強一弱，則取強者而捨弱者，另有兩種痛苦在此，若是一強一弱，則取弱者而棄強者，其餘六項依此類推，最後，吾人當可求取一強大、久遠、確實、現時、有相生關係、純粹、廣被普及他人

40　參閱謝扶雅先生著《倫理學新論》第 158 頁。

者之快樂，這就是邊沁所謂「最大多數的最大幸福」的原理。

為了求取「最大多數的最大幸福」，邊沁主張改良政治及道德二途，以增進大多數人的幸福。改良政治，應重視立法之術，逐漸改善社會組織和制度，以促進社會的進步，使全體人民獲得最大的幸福。另一方面，也要同時改良道德，重視個人倫理的修持，勉於道德者有三：（一）精審智慮（Purdence），明確善惡，盡己義務。（二）廉正誠實（Probity），己所不欲，勿施於人，不可損傷他人的權益。（三）善良慈悲（Beneficence），常懷愛人之心，增進他人幸福。

繼邊沁續倡效益主義者為穆勒（J. S. Mill 1806～1873），穆勒對邊沁的學說有若干修正，其要點有二：（1）快樂非僅分量上的計算，亦有性質之異：邊沁以為快樂無性質差別，只有度量上大小，但是，穆勒認為快樂有高下之分，例如，有甲乙兩種快樂，甲種快樂雖比乙種快樂在度量上較小，但在性質上卻較高，吾人寧願選擇甲而捨棄乙，這種明智的抉擇，正是表示人之所以異於禽獸之處，即由於人有「尊嚴之感」，自尊自重而不肯降格以趨下，這就是寧為人而不滿足，也不願卑下如禽獸而快樂。（2）個人可為群體之利益而犧牲自己的幸福。邊沁的效益說，強調利己兼利他，穆勒主張為了增進大眾的福利，個人犧牲自己，若有益於社會，這種犧牲亦甚有價值，此即純粹利他的效益論。

八、直覺論的道德思想

直覺論（Intuitionism）主張吾人可以直覺來把握道德的

原則，即承認人間道德的規範，可由直覺得之，故善之爲善，惡之爲惡，非從後天經驗而習知，而是由人類直接感覺獲得，持此論者，皆認定人人天生具有分辨善惡及識別邪正的能力，此謂之「良心」。

直覺論大抵可分三派：（1）主知，（2）主情，（3）主意，簡述如下：

（一）主知的直覺論以克拉克（Samuel Clark 1675～1729）及樸萊士（Richard Price 1723～1791）爲代表。

所謂主知的直覺論，是說吾人擁有理智的辨別力，直接認知何者爲善與何者爲惡，這種道德的直接認識無異於對數學或幾何圖形的認知，係自明之理，如二加二等於四，無待於推論證明。克拉克認爲人之本性與宇宙天理本屬相合，吾人生存於天地之間，萬事萬物相與之際，有其永恒不變的法則，人與萬物相處，求其和諧適宜之道，如能依循和諧適宜的關係而行，即爲道德的極則，就是善，反之，不調適、不和諧的宇宙關係即爲不道德，就是惡。因此，關於道德上善惡的辨認，等於對自然界事物相互關係之間和諧與否的識別，所以，道德之善惡即爲物理之真僞，因此，道德律無別於自然律，道德與自然不二矣。

克拉克這種道德律無異於自然律的主張，後經樸萊士的修正。樸氏以爲自然律所詮釋者爲「實然」，而道德律所論究者爲「應然」，實然無異於必然，而道德並非全是必然，若道德皆爲必然，則世無不道德之人矣。道德上之所謂「應

然」，意指吾人面對某事發生，在若干可能行爲中有所應當抉擇之理，例如乍見人溺於水，或即速躍入水中救之，或因不識水性，疾呼來人急救，或視若無睹無情離去，此三種可能性。

樸氏認爲吾人之天賦直覺能辨別何者爲是，何者爲非，且有主觀能力擇其恰當且最適宜者。照樸氏所析論，人類的理知直覺，有思考和道德兩種，前者爲對於事物之研究識察，後者用於對理想目的之追求，思考的理知直覺而生科學知識，道德的理知直覺即爲道德判斷所依據，兩者並不衝突，而有同理之處，只是吾人對善惡判斷要有所選擇而已。

（二）主情的直覺論，創始於沙甫志培來（Anthony Earl of Shaftsbury 1671～1713）

沙甫志培來認爲人的心理有兩種現象：1.先天的自愛情感，又稱自我的情感；2.天賦的愛他情感，亦曰自然的情感或不關利害的情感。自愛與愛他皆不可太過或不及，兩者須相調適而和諧，使自愛與愛他恰到好處，十分調和，無過亦無不及，這就是我們的道德理想。若愛己太過，便屬自私；或愛他逾於愛己，亦非人情至性，皆是不自然的情感，皆成爲不道德，此乃因後天習染，計較利害而起，非本性如此，人之本性先天具有「道德的感覺」（Moral Sense），能感知道德行爲；凡遇見適當調和的行爲，就表示讚賞；不恰當的行爲，便引生憤恨。

易言之，即爲道德而好道德，爲不道德而惡不道德，好惡之情乃油然自發，毫無功利計算之心，此種道德感實即道

德的直覺，直覺道德本身之善惡，無關乎功利之結果，吾人
實踐適當的行爲，直覺感到愉悅，若有不正當的作爲，便直
覺感到痛苦了。

（三）主意的直覺論，以伯特勒主教（Bishop Butler 1692～1752）爲代表

　　伯特勒以良心（Conscience）代替道德感，認爲凡人心
中，皆有一種意識作用，指示善惡是非，俾便自己知所取捨，
此謂之良心，即道德的意識。良心不屬於官能之一，而潛居
在我們的內心深處，具有特殊的地位和偉大的權威，它超越
於感官知能之上，是思考與行爲的最高指導原則。伯氏論及
良心的權威曰：「我們所據以考查、或讚美、或貶斥自己內
心和我們行爲底這一個原則，不能說僅有影響而已。所有情
感以至最低的嗜欲，亦無不能有影響作用。我們必須承認這
一原則爲高級的，從它本身所有的性質，即可有超越其它性
質的要求。假如不將判決、管理、與指導底作用列入，你便
無從形成良心機能底觀念，那些作用都是良心所由構成的要
素。倘若這一原則真能使用權力，一如它所表現的權威，它
是可以統治全世界。」[41]

九、康德的道德哲學

　　康德（Immanuel Kant 1724～1804）的道德哲學主要見

41　參見謝扶雅先生著《倫理學新論》第188頁。

於《道德形上學的根本原理》及《實踐理性批判》二書中。康德在《道德形上學的根本原理》開宗明義表示：除了良善意志（Good Will）外，世界上沒有什麼其他德性或才能可被稱爲善的，任何良好的品德，總要有一個良善意志作爲先決條件，否則，智慧、財富、能力、勇敢、權勢等皆可引發其危險性。

例如一個缺乏良善意志而有智謀的惡徒，更具有破壞力。所以，我們的理性負有一個偉大的使命，那就是去產生一個意志，此意志之爲善，是其本身就是善，這種自身即善的意志，吾人可用本務（duty）的概念來表示，爲本務而盡本務，才有道德的意義。真正道德的價值，乃是由本務而作成，不是出於性癖或愛好，亦非爲它所要達到的某些目的，而是僅指吾人的意志，惟有服從客觀的道德法則而行，不受其他感官的影響或干涉。

康德的道德哲學特別強調意志的重要性，意志的特徵在於其自律原則，它是道德的最高原則。所謂意志的自律原則，乃指每一個人的意志，是成立普遍法則的意志，依此特性，意志對其自己就是一法則。但是，如果意志在其自己之外的任何對象之特性中，尋求決定意志的法則，其結果卻成爲意志的他律。意志他律的意義是說我應當去做某事，因爲我希望達成某些目的或某種別的事，其中以個人幸福的原則是最可反對的。

康德爲了證成道德的圓善（最高善），而有三個設定：（1）自由的設定：自由是指意志的自律，其所謂自由是自己限制自己，自己以道德法則規定自己，這種自由的概念是說

明意志自律的秘鑰，但是，自由不能見諸於經驗界，不能由
知識而證明，故在實踐上設定之。（2）靈魂不滅的設定：人
類的道德理想是使意志完全符順於道德法則，此種圓善之神
聖性必須是可能的，但是，卻是要在無限的進程中，在靈魂
不滅的假設上才有可能。

　　易言之，最高福善必須在靈魂不滅的前提下才有可能。
（3）上帝存在的設定：倘若假定了靈魂不滅，這種靈魂不滅
不死惟有上帝才能全覽通識而無遺。因此，上帝存在的設定，
無異於假設一最高福善的存在。吾人在世上應該努力實現最
高福善，隨而這個最高福善的可能性得被設定，但是，這個
設定除非有一最高睿智的上帝存在為前提。

十、黑格爾及其學派

　　黑格爾（G. W. F. Hegel 1770～1831）主張道德以良心為
主，良心產生個人道德。但是，所謂良心不外乎是主觀的意
志，所以，良心屬於吾人內部的活動，這種內在的生活僅屬
片面，尚不完整，必須與外在的社會活動相融貫，才得完全。
社會活動始於家庭，再擴大到社會，最後及於國家以至全球，
使世界成一大聯邦，這三個層級的發展，皆屬社會道德的範
疇。易言之，由個人道德發展為社會道德，使主觀的個人良
心與客觀的社會風俗規範、制度完全一致，方能表現真正完
整的道德。

　　黑格爾的良心論，主要著重於自我的自覺，良心自覺之
所嘉賞，為善者當勉行之，凡良心之所斥責為惡者當禁止之，

故吾人的行為應遵照自己的良心，而吾人良心所發之個人道德，乃淵源於宇宙理性，宇宙理性發展至某種程度，個人遂有意志、良心、道德，社會乃有風俗、制度，個人與社會有密切關係，兩者相輔相成，道德乃成。

繼承和發揚黑格爾學說的，稱之新黑格爾學派（New Hegellianism），代表人物有格林（Thomas Hill Green 1836～1882）和伯烈得萊（Francis. Herbert Bradley 1846～1924），二者的道德學說，是所謂「自我實現論」。

格林認為人雖是自然之軀，天賦上有感情慾望的本能，但是，人之所以為人，而異於禽獸者，唯獨具有自覺心，吾人因有自覺的作用，能使人不純為感覺欲求衝動而已，而使我們覺知一較好的希望理想，現此宇宙大我，你的自覺、我的自覺、以及所有其他人的自覺，皆不期而契合，企求達到完全的自我實現，而此企求必是奮進不已，完成一無限的整全大我。

至於伯烈得萊的道德思想，在消極意義上，主要是批判快樂主義、效益主義及康德的嚴肅主義。例如快樂論有所謂快樂的總量超過痛苦，這種快樂總量，柏氏認為只是一個虛構假設而已，快樂是沒有總量的，因為快樂僅是一串的情感，若說要加以計算，只待生命終了，才可能總結，所以，快樂總量的實現，已是身後之事。又如效益主義有所謂求取最大多數的最大幸福之說，即以為人生當以追求全體人的快樂為目的，柏氏認為「全體人的快樂」是不能成立的，因為快樂是個人的情感，而全體人的快樂不能算是我個人的快樂，所以在快樂論的理論依據上，全體人的快樂不能成為目的。

　　柏烈得萊的名著《倫理學研究》，除了消極的批評之外，更有積極的主張，他認爲道德當以本身爲目的，我們只能認爲善之本身而行善，才是真正的道德，不能有本身以外的目的，否則，就不能算是道德了。

　　柏氏認爲自道德本身而言，其目的內涵有行爲的動態，而行爲則含蘊自我實現，「自我實現」（Self-Realization）就是道德的目的，因爲事實上，我們所欲求的，乃是自我，我們所能做的，就是去實現自我。但是，這個自我並不是孤立的個人或純粹的小我，因爲個人不能離開社會而獨立，任何一個人，自出生在世，就有父母家庭，稍長即參加社會團體，他是民族國家的一份子。

　　所以，純粹的個人是絕對不能存在的，可見，我們想實現的是實現自我爲一個無限的全體，個人要有如此的自覺，才能體認小我在大我中的地位和責任，我所應該做的是什麼，在家庭中，在社會上，對國家民族，是否負我應負的責任？是否盡我應盡的義務？如果我能完全負責任，徹底盡義務，這就達到自我的實現，也就是道德的目的。

　　但是，吾人是否真能完全達到自我的實現？答案是否定的，因爲小我與大我，個體與全體之間永遠不能相同一致。所以，道德本身即包含一個矛盾，這個矛盾，乃由善與惡的對立而構成，然後才有「應該」的道德意識。所謂應該，就是我應該把惡的成份掃除，這是一個無窮的歷程，無法完全達到目的，假設它的目的達到了，等於道德的自殺，成了非道德。因此，道德在追求其目的時，不能不傾向於自身的超越，不能不向超道德之途而進展。我們可以說，道德的終極

目的是在超道德，而達於我們所謂宗教。[42]

十一、叔本華的意志解脫論

叔本華（Arthur Schopen hauer 1788～1860）的學說淵源於柏拉圖、康德與佛教哲學，三者融合而造成叔本華悲觀厭世的出世思想。

叔氏主張凡我們認為主要與基本的東西，就是意志（will），意志是一切存在物的原則，我的個體，是意志的產物，整個宇宙，也是意志的表現，只不過把它自己客觀化了。「意志是永恒的生存慾望，是現象界無窮生命的源泉；只要有意志，就有宇宙的存在，個體有生滅，但是，產生個體的意志或慾望卻永生不滅……生與死不能適用於意志，只適用於意志的表徵，我們最內在的本質，即意志，從未亡失。」[43]。

意志既是宇宙萬物生存的本源，則意志的真面目是「生存的意志」（Will to be），所謂生存的意志，包含生活與生殖，生活是生命的表現，生殖是死亡的克服。在生命的表現上，人類總要遭遇很多的困苦、危難。人與人相處，不免你爭我奪、強暴、殺害、陰謀、詐欺，屢見不鮮，當人們以戒慎之心，明智的利用一切才能克服各種艱險，最後仍然不可挽救的走向死亡之途。面對這個充滿罪惡且以悲慘結局的人間，叔本華感嘆這是一個最壞的世界。這個壞世界少有道德的存在，一般人所讚賞的美德如勤勞忍耐，節制友愛，公道

---

42 參見謝幼偉先生著《當代倫理學說》第 74 頁。
43 參閱 Frank Thilly 英譯本《History of Philosophy》第 453 頁。

正義等，推究而言，只是自私利己心，只是裝飾精美的罪惡而已，真正唯一的德性，唯有慈悲憐憫，同情受苦臨難之人，表現人溺己溺，人飢己飢，人苦即是己苦，方爲道德。

　　既然意志所呈現的世界如此罪惡滔天，父子逆倫，夫妻仳離，兄弟鬩牆，朋友失和，種種暴行無道層出不窮，吾人生在其間，如何自處？叔本華指出三點，以爲人生的解脫：（一）藝術之路：沈醉在藝術的創造中，如音樂與美術的創作，擺脫當前的利害紛爭，物我兩忘，可以暫時停止生存意志的盲目衝動。（二）哲學之路：哲學追求永恒的本體，探究宇宙真際，與世無爭，不關利害，拋棄小我，忘了自身，與自然打成一片，天人合一。藝術與哲學兩路，只是暫時的解脫。

　　（三）滅絕意欲：意志既是欲念盲目的衝動，若順其自然而發，當無道德可言，如果推波助長，罪惡更深。因此，只有抗逆意念之動，卑視飲食男女人間諸事，避而遠之，惟敝衣粗食，習苦以爲常，克己禁欲，抑制自己的生存意志和無窮慾念，終使歸於寂滅，至完全滅絕意念，才能真正解脫。

十二、進化論的道德觀

　　進化論的創始者爲達爾文（Charles Darwin 1809～1882），依其學說，生物界身體上之官能，因求生存於某種環境中而發生微小變化，這種微變或起於偶然狀況，但因有利於生存，久而久之必遺傳給後代子孫，歷經數代相沿的結果，可能會有顯著重大的變化，再產生新本能或新器官。這種遺傳變化

的自然法則是基於適者生存，蓋達爾文對生物從事數十年的觀察實驗工作，發現生物界有生存競爭（The Struggle for existence）和自然淘汰（Natural selection）兩大現象，由此而生「優勝劣敗」與「最適者生存」兩大原則。

　　至於人類道德的由來，亦與進化有關，人類道德的進化，正如飛鳥之強翼，與走獸之堅蹄，無非為適應環境而使然。他以為人有利他心，是由動物的合群本能而來，合群的本能係在生存競爭之下，經過自然淘汰而產生者。易言之，由求生存的本能演變成合群的本能，由合群的本能演變出利他本能，再演變出同情本能，物種愈縣延，所演化遺傳下來的合群利他同情心亦愈滋長。如此，道德的高低和生物的進化成正比例，我們人類是萬物之靈，所以，道德高出其他動物。但是，今日人類的道德仍然淵源於動物的合群本能，在群居關係中，有善惡的抉擇，遂有風俗習慣的形成，再經反覆的思考與理智的判斷，於是道德乃生成矣。

　　承揚達爾文進化論者有斯賓塞（Herbert spencer 1820～1903），斯賓塞的道德論以生物學為出發點，將生物進化的原理普遍應用於宇宙現象。他認為萬物皆具有一種「自我保持力」（Self-maintaining force）即求自我生存與持續，為此而起演化作用，若不進化，便只有被淘汰，人類的道德也是進化的產物，從生物學的觀點來看道德，道德的善惡標準如何而定？依斯氏之說，凡行為能達其延續生命之目的者，謂之善，反之，凡行為不能達其擴延生命之目的者，謂之惡。換言之，凡能助長生命者謂之道德，凡摧毀殘害生命者謂之不道德。善惡的標準在於生命的存亡，生即是善，死即是惡，

生命才是道德的最高目標。

在進化論的學派中，俄國學者克魯泡特金（Peter A. Kroptkin 1842～1920）的互助論有別於達爾文的生存競爭之說。克氏在西伯利亞多年，觀察禽獸的生存活動，發現動物界有互助現象，如以強扶弱或以大護小，物種之間，非為生存而競爭，而是由互助而進化，而且互助較盛，愈能患難相扶，對弱小殘病愈能護衛者，其種族必愈進化繁殖。

由此推論，人類若欲進化求發展，必須互助，消除同類相殘，化戰爭為和平，邁向世界大同之境。因此，互助是道德的最高德目，也是道德的第一原理。此一互助概念內涵平等共生的意義，彼此承認皆有生存之權，由共生互助演繹為公道正義，再演繹成利他犧牲，至此，道德遂告完成。

總之，克氏的進化論，特別著重於種族的共生共存，以互助利他為出發點，惟互助能進化，愈進化愈互助，進化之發展即利他之增大，這是克氏學說獨到之處。

十三、杜威的道德哲學

杜威（John Dewey 1859～1952）把道德劃分為「習俗的道德」（Customary morality）和「反省的道德」（Reflective morality）兩種。所謂習俗道德是指一種文化傳統及社會環境約定俗成的產物，包括了風俗習慣、宗教信仰、倫理關係等，這種習俗的道德對社會上的每一個人都有很大的影響力。在上古時代，人民的生活相當保守，知識不普及，社會制度甚少變化，習俗發揮了對人的約束力，整個社會的秩序都賴此

維繫。但是，當不同文化背景的思想接觸以後，習俗與習俗之間發生衝突，個人往往感到茫然，無所適從，陷於道德的矛盾。

此外，流傳久遠的習俗都可能有不合時宜的現象，爲了要解決習俗與習俗之間的衝突及對不合時宜的習俗作修正，「反省道德」開始萌生，那是古代哲學家對傳統的挑戰，所獲得的智慧結晶，依據歷史文化的進展來看，道德知識需要經常的修正與不斷的擴充，而後道德判斷才能進步。

雖然「反省道德」的產生，來自對「習俗道德」的檢討和批判，但兩者絕對不是互不相容的，有些習俗的道德經反省之後應當淘汰，而若干禮俗經智慮之後尚合時宜而該留存，無論去留與否，吾人須運用理智，鑑定好壞，選擇可行的習俗，使我們在當前的環境中作道德實踐。杜威對習俗應有的反省態度作了如下說明，他說：「真正的反省道德當對一切禮俗傳統的信條一視同仁地當作研究資料，繼而研究這些信條產生背景的種種環境條件，再進而探究這些信條爲什麼會變成眾人信奉的真理，最後，我們要探究這些信條在現代環境是否適用及其適用範圍。」[44]。

以上簡述西洋道德哲學史觀，依時代的先後，分別說明各重要學派之主要代表哲學家的思想，當然不盡精詳。不過，就整個綱要來說，或者可以多少彰顯康德學說的特徵，那就是道德哲學必須完全基於它的純粹部份上，不能有經驗的成份，此不同於其他學派的理論，蓋大部份的哲學家總基於個人的感覺或生活體驗而立論道德。

---

44 參見吳森先生著《比較哲學與文化（二）》第 4 頁

第二章　王陽明的道德哲學

前　言

　　王守仁的哲學是明朝學術的重鎮，吾人論述陽明的道德哲學，雖然可以獨立地不顧王學之前輩及宋代儒學諸問題，但是，其中相關的思想淵源以及學問之異路，仍然必須有較明確的理解。所以，為了瞭解陽明的學說義理與思想體系之特性，終究不能割捨其他宋明有關學者而不論，以下將簡述陽明學說之由來。

　　宋明儒學，由胡瑗和孫復開其端，真正創始於周敦頤，又有張載、二程的努力，到朱熹集大成。另外，邵雍講《周易》數理，陸象山談心即理，葉適和陳亮主張經世，提倡實用，這些學者都是宋朝儒學的代表人物。他們的著作很多、論點雜陳，思想不一，但是，對於兩個問題，都有大致相同的看法，其一：在宇宙本體論上，彼此共同的見解是「萬物一體」；其二：對於道德修養論，大家皆主張「變化氣質」。

　　關於「萬物一體」，周濂溪的《太極圖說》，首先從太極動靜，陰陽五行說明萬物一體、生生不息之理。[1]張橫渠的

1　《太極圖說》云：「無極而太極，太極動而生陽，動極而靜，靜而生陰，靜極復動。一動一靜，互為其根，分陰分陽，兩儀立焉。陽變陰合，

〈西銘〉，有民胞物與的胸襟，它總持了儒家倫理道德的思想與精神，倡言天地萬物與人為一體，〈西銘〉曰：「乾稱父，坤稱母，予茲藐焉，乃渾然中處，故天地之塞吾其體，天地之帥吾其性，民吾同胞，物吾與也……」[2]。程明道著〈識仁篇〉，也認為仁者渾然與物同體。

　　關於「變化氣質」的問題，就是道德修養論，什麼是氣質？依宋儒的意見，意指軀體感性而言，橫渠首分氣質之性與天地之性，為學修身，在求變化氣質之性，論及工夫，濂溪以誠為本。伊川也主張涵養以敬，進學則在致知，朱熹則認為涵養致知力行三者不可偏廢。另一方面，明道以為學者先要識仁，俟識得此理，再以誠敬存之即可，象山也教人要先發明本心，明其本心，先立乎其大者。

　　由於宋儒對道德修養之工夫的先後有不同的看法，而有二程兄弟的分歧，再加上彼此對心性的不同見解，遂造成朱、陸的決裂。蓋從思想傳承而言，濂溪、橫渠、伊川、朱熹等人的哲學是從《中庸》、《易傳》而來，《中庸》首章第一句話說：「天命之謂性。」天命是永遠流行，創造不已的真幾，《中庸》以天命流行，創造之真幾為性，《周易·繫辭上傳》第 5 章云：「一陰一陽之謂道，繼之者善也，成之者

而生水火木金土。五氣順布，四時行焉，五行一陰陽也，陰陽一太極也，太極本無極也，五行之生也，各一其性。無極之真，二五之精，妙合而凝，乾道成男，坤道成女，二氣交感，化生萬物，萬物生生而變化無窮焉。惟人也，得其秀而最靈，形既生矣，神發知矣，五性感動而善惡分，萬事出矣。聖人定之以中正仁義而主靜，立人極焉。故聖人與天地合其德，日月合其明，四時合其序，鬼神合其吉凶。君子修之吉，小人悖之凶……」見（《宋元學案第 68 頁·濂溪學案》）。

2 見《宋元學案第 149 頁·橫渠學案》。

性也。」所成的就是天命下貫而爲性的這種性。《周易・說卦傳》第 1 章亦曰：「窮理盡性以致於命」，其中所謂盡性，也是盡「天命之謂性」的這種性。

此一天命下貫而爲人性的「性」，是一道德的天地之性（或謂義理之性），不可解說爲材質的氣質之性，這就是宋儒周、程、張、朱一路順從《中庸》、《易傳》而來的傳承。另一方面，由孟子所開啓的心學，以心說性，孟子堅認仁義內在於心[3]，心具惻隱、羞惡、辭讓、是非等四端，〈盡心〉章曰：「盡其心者，知其性，知其性，則知天矣。」這就是孟子所主張的盡心知性知天，所謂盡心，意指充分實現道德的本心，能擴充之，纔可以了解自己的人性，及證知天之於穆不已與創造真幾，此心代表道德的主體。後來，程明道、陸象山、王陽明即順此路而來。[4]

至於明代的學風，在陽明之前的幾位學者之言行上，可以看出一般的傾向，其中最顯明的，是他們「學貴踐履」的態度，由於強調身體力行的重要性，而有重行而輕知的趨勢，那就是看重修持方法，涵養道德人格，他們的精神與興趣，似乎偏重於此。對於宇宙萬物，民生樂利，似乎不大理會，這是陽明之前，明代學風一個最重要的現象，茲舉二人爲例：

---

3 孟子繼承孔子的仁道哲學，仁是孔子的中心思想，仁總攝諸德・是一切德性所從出，代表真正的內在道德生命。孔子一生，不斷地做踐仁的工夫，以此自勉勉人。

4 牟宗三先生在《中國哲學的特質》一書中第 52 頁說：綜觀中國正宗儒家對於性的規定，大體可分兩路：（一）《中庸》、《易傳》所代表的一路，中心在「天命之謂性」一語。（二）孟子所代表的一路，中心思想爲「仁義內在」，即心說性。

（一）吳康齋：先生為學，不輕易著述，嘗感嘆箋註之繁多，不但無益，反而有害。所以，只在實踐躬行上用力，體貼於身心，出作入息，時時不忘，所謂敬義夾持，誠明兩進，一切玄虛之言，絕口不談，年輕時自覺氣質偏於剛忿，努力下克己工夫，使心氣趨於和平，中心灑然。這種踐履的精神，正同於陽明講學宗旨，陽明曾對學生說：

> 吾與諸公講致知格物，日日是此，講一二十年俱是如此，諸公聽吾言，實去用功，見吾講一番，自覺長進一番，否則只作一場話說，雖聽之亦何用。（《傳習錄下》）

（二）陳白沙：先生為學，惟在靜坐，捨外在之繁，反求諸己，從靜坐中見此心之體，以為把柄，然後可以體認物理，稽諸聖言賢訓，日用應酬，隨心所欲。所以，白沙說：「為學須從靜中養出個端倪來，方可商量處。」又說：「終日乾乾，只是收拾此理而已，此理干涉至大，無內外，無終始，無一處不到，無一息不運，會此則天地我立，萬化我出，而宇宙在我矣，得此欛柄入手，更有何事？往古來今，四方上下，都一齊穿紐，一齊收拾，隨時隨處，無不是這個充塞。」[5]

白沙所謂端倪，意指此心之體，此心終日乾乾，只是收拾此理而已，這就是說，此心此理要能湊泊，纔有所得，這種得，名曰自得，能自得者，纔不累於外物的牽擾，耳目的蒙蔽，雖造次顛沛，無所動心，學至此，可謂之善學矣。從白沙深切體認之心與理的問題，確實是宋儒爭論未決的難

---

5 見《明儒學案第 63 頁・白沙學案》。

題，心與理究竟如何湊泊合一？陽明的心即理說，即從孟子、明道、象山一系而來，其推論解說有助於此一心學體系的完備。

從上所論，吾人得知，陽明的道德哲學[6]，純是孟子學，所宗的就是孟子的心學。孟子繼承孔子的仁道，孔子只是勉人行仁，未曾倡言仁是吾人的心或性，即仁與心性未能打通爲一，孟子更進一步，以仁爲思想本源，即心說性，使仁與心與性貫通而爲一，這個心是內在而人人固有的本心，而與天道性命相貫通的「性」合一。孟子認爲萬物皆備于我，因此，盡心則知性，知性則知天，則此心不僅是道德的本心，同時也有形上的意義，具有超越的，絕對的普遍性，孟子這種由孔子之仁而論述的心學，象山直承之。

象山說：「仁即此心也，此理也。」[7]可知，象山言心即理，本心即性，也純是孔孟之學。到了陽明，由本心進而言良知，其實，良知即本心，陽明特別重視良知之明覺與良知之感應，這種自發的良知之神用，可以自作主宰，自決是非，又由於無心外之理，心即是理，良知即天理，所以，由良知之自發、自主、自決而成就一自律道德。陽明與康德遂有相通處。

在論述陽明學說之前，吾人對其求學的一番經歷，以及學成後的思想演變，須有確實的認識纔好，因爲他所提倡的學說，不是普通學者的泛泛之論，而是從九死一生的實際生

---

6 王陽明的哲學實是道德哲學，非屬知識論的系統，與朱子學亦有別，陽明在〈大學問〉一文中說：「致知云者，非若後儒所謂充廣其知識之謂也，致吾心之良知焉耳。」又王守仁的四句教，也是談論善惡問題，主要在知善知惡，爲善去惡，即從事於存天理去人欲的道德實踐。
7 見《宋元學案第 347 頁‧象山學案‧與曾宅之書》。

活中體悟出來的生命學問。陽明年少即有經略四方之志，學習騎馬射箭，嚮往英雄豪傑的狂行，稍長，因格竹子不透而轉學辭章，組織詩社，文才揚露，卻感文章詩詞並非至道。

　　但又覺得聖賢不是人人可做，於是動了入山修道的想法，與道士談養生，並做修煉工夫，可是又認爲這是簸弄精神，也就放棄求仙的渴望，一時興起學佛的念頭，可是心中仍然想念親人，後來覺悟愛親出於本性，至此漸至儒門，最後終於龍場悟道，歸於聖賢之學。陽明學前的這一番經歷，在湛若水撰寫的〈陽明先生墓誌銘〉上說：「初溺於任俠之習，再溺於騎射之習，三溺於辭章之習，四溺於神仙之習，五溺於佛氏之習，正德丙寅，始歸正于聖賢之學。」[8]。

　　陽明在龍場悟道之後，思想漸趨圓熟，以後二十年間，學成又有三變，第一個階段是以默坐澄心爲學，收歛精神，廓清心體，涵養本心，不隨便發散。陽明說：「精神、道德、言動，大率收歛爲主，發散是不得已，天地人物皆然。」[9]此一時期，陽明總教人靜坐，或存天理去人欲等存養省察的工夫。所謂靜坐或默坐，並不是坐禪入定，如槁木死灰，而是爲了收放心，澄清內心的紛擾，有事無事，皆能存養省察[10]。

8　見《王陽明全書（四）》第 224 頁。又《明儒學案第 82 頁・姚江學案》黃梨洲有一段說明：「先生之學，始泛濫於詞章，繼而徧讀考亭之書，循序格物，顧物理吾心終判爲二，無所得入，於是出入於佛老者久之。及至居夷處困，動心忍性，因念聖人處此，更有何道？忽悟格物致知之旨，聖人之道，吾性自足，不假外求，其學凡三變而始得其門。」這裡所說的三變，就是學成前的三變，這是生命方向的大改變。

9　見《王陽明全書（一）》第 16 頁。

10　陽明說：「省察是有事時存養，存養是無事時省察。」見《王陽明全書（一）第 13 頁・傳習錄上》。

如果在靜坐中思慮仍然紛雜，也不要強禁不思，而只就萬端思慮萌動處省察克治。所以，陽明又教人存天理去人欲，以為省察克治的實功。

陽明五十歲在江西，經歷了平諸寇，擒宸濠以及張忠、許泰的讒毀後，纔正式揭示致良知之教，以為講學宗旨。蓋致良知之說是從百死千難中體悟得來，足以忘患難，出生死，陽明說：「近來信得致良知三字，真聖門正法眼藏，往年尚疑未盡，今自多事以來，只此良知無不具足。」[11]這是黃梨洲所說陽明學成後的第二變。

到了陽明晚年，無論在做人、處事、為學各方面，都有圓融的化境，這是他一生踐履的結果，是從「發現自我」到「實現自我」，最後到「完成自我」的第三個階段。首先發現什麼樣的自我呢？當然就是良知真我。如何實現自我？簡易工夫就是致良知。最後，完成德性的我，此時，「所操益熟，所得益化，時時知是知非，時時無是無非，開口即得本心，更無假借湊泊。」[12]

而且陽明思想也有了定論，其中值得注意者有三：（1）〈拔本塞源論〉：嘉靖 4 年，先生 54 歲，在越，〈答顧東橋書〉之一段，該文是陽明的教育哲學與政治理想之所在，正是成德之教之宏規。（2）〈大學問〉：嘉靖 6 年，先生 56 歲，征思田，將發，先授〈大學問〉，錢德洪受而錄之。〈大學問〉論大人之學，是王學師門之教典，初學者先以此意授之，不可作一文字隨便看過，學者為學，必至復其天地萬物

---

11 見《王陽明全書（四）》第 125 頁。
12 見《明儒學案第 83 頁‧姚江學案》。

一體之本然而後已，故要去其私欲之蔽，以自明其明德，而知識藝能非其所論。（3）〈四句教〉：嘉靖6年9月，先生征思田，發越中，錢德洪與王龍溪因論爲學宗旨，而引發陽明天泉證道之四句教。

記錄〈四句教〉有三個出處：《傳習錄下篇》、〈陽明年譜〉，以及《明儒學案・浙中王門學案・郎中王龍溪先生畿之天泉證道記》。其中，《傳習錄》與〈年譜〉所記內容大致相同，惟〈浙中王門學案・天泉證道記〉裏不記四句教（四有）是徹上徹下功夫，蓋龍溪之論大抵歸於四無，陽明的四句教主要教人在良知上實用爲善去惡的功夫，此爲講學要旨。

以下將分三節，論述陽明學說之大概[13]，即（一）心即理說：「心即理」是陽明學說的大前提，此說程明道已言及，象山論之更詳，陽明再予闡揚，並從此詮釋出其他諸說。所謂「心即理」，簡單地說，就是「天理之在吾心」至於何謂心、本心、心體、以及理、天理等等，皆心即理說該當論述之範疇。又陽明之心即理與康德的自由意志之自律，兩者有何異同？也是值得吾人深思探討的問題。（二）致良知說：陽明37歲困於龍場，中夜大悟格物致知之旨，對於《大學》格物致知之說，與朱子所論有根本迥異處，遂提倡致良知。何謂良知？如何致之？良知與聞見之知有否相關？良知與中

---

13 據《王陽明全書（四）第164頁・年譜》上說，其學之大要有三：一曰致良知，實本先民之言，蓋致良知出於孔氏而良知出於孟軻性善之論。二曰親民，亦本先民之言，蓋《大學》舊本所謂親民者，即百姓不親之親……三曰知行合一，亦本先民之言，蓋知至至之，知終終之，只一事也，守仁發此，欲人言行相顧，勿事空言以爲學也。

和，良知與私欲，良知與意，致良知與體認天理等等，皆與致良知有關。（三）知行合一說：陽明龍場悟道次年，在貴陽，主貴陽書院，始論知行合一[14]。何謂知行合一？知行合一是否所謂知識與行為的一致？是不是學行合一？如何知行並進？知與行的關係在中國哲學史上的各種說法有哪些？

第一節　心即理説

一、聖人之學是心學

陽明作《象山文集‧序》，以為聖人之學是心學，心學淵源於堯舜禹相授之十六字口訣，即：「人心惟危，道心惟微，惟精惟一，允執厥中。」（《尚書‧大禹謨》）陽明自己所講的，就是此一聖賢相傳的心學，以明其心，蓋吾心本是光明無缺[15]，清明不昧，只是私欲為之蔽，習染為之害，而且日益陷溺。所以，去蔽與害而復其光明，非自外求，惟得吾心而已，因吾心即理，理即吾心，吾心之外無理存在，

---

14 據錢穆先生編著《陽明學述要》一書第 61 頁，以為陽明所謂的「知行合一」即是北宋傳下來的一個「敬」字，陽明所謂的「致良知」即是北宋傳下來的一個「義」字，但北宋以來所謂的敬義夾持，本來分成兩橛的，此刻到陽明手裡，便渾化為一了。

15 陽明一首詩，吟詠中秋，很有意思，他說：「去年中秋陰復晴，今年中秋陰復陰，百年好景不多遇，況乃白髮相侵尋。吾心自有光明月，千古團圓永無缺，山河大地擁清輝，賞心何必中秋節。」見（《王陽明全書（二）》第 208 頁。）

吾心之外無事可爲，故吾心之外無學矣。陽明說：

> 是故君子之學，惟求得其心，雖至於位天地，育萬物，
> 未有出於吾心之外也。孟氏所謂學問之道無他，求其
> 放心而已矣者……心外無事，心外無理，故心外無
> 學，是故於父子盡吾心之仁，於君臣盡吾心之義，言
> 吾心之忠信，行吾心之篤敬，懲心忿，窒心欲，遷心
> 善，改心過，處世接物，無所往而非求盡吾心以自慊
> 也。」[16]

求盡吾心，亦即求盡吾心之天理，譬如事親，乃求盡吾心之孝以敬親；又如事君，乃求盡吾心之忠以爲不二之臣，吾心有不盡者，是謂自欺其心，要能誠實盡心，吾心始樂，這種盡心之樂，纔是心學的悅樂真諦。蓋陽明以爲樂是心之本體，人人具有，只要盡心誠意，心中無私，此樂永存，未嘗有變，他說：

> 樂是心之本體，雖不同於七情之樂，而亦不外於七情
> 之樂，雖則聖賢別有真樂，而亦常人之所同有。但常
> 人有之而不自知，反自求許多憂苦，自加迷棄。雖在
> 憂苦迷棄之中，而此樂又未嘗不存，但一念開明，反
> 身而誠，則即此而在矣。[17]

這種盡心的悅樂，無時不有，無所不在，《傳習錄下篇》記載一段師生問答的話，最有意義，門生問先生說：「樂是心之本體，不知遇大故，於哀哭時，此樂還在否？」陽明答曰：「須是大哭一番了方樂，不哭便不樂矣。雖哭，此心安

16　見《王陽明全書（一）》第 186 頁。
17　見《傳習錄中》，商務版第 156 頁。

處，即是樂也，本體未嘗有動。」可知，心學即悅樂之學，正是求得吾心悅樂的學問。[18]

如上所述，陽明的心學簡易明白，不必向外逐物，反求諸己即可，以此存心，並謹守其心而已。他說：「君子之學，心學也。心，性也，性，天也。聖人之心，純乎天理，故無事於學，下是則心有不存，而汩其性，喪其天矣，故必學以存其心，學以其心者何求哉！求諸其心而已矣，求諸其心何爲哉？謹守其心而已矣。」[19]

陽明心學所論之「心」，雖有很多獨到之處，然而根本的觀念，乃承繼前代學者的思想[20]，吾人簡明論述，即可知悉其思想淵源。

（一）古文《尚書・大禹謨》云：「人心惟危，道心惟

---

18 吳經熊著《內心悅樂之源泉・論中國哲學之悅樂精神》，他以爲儒釋道三家都洋溢著悅樂的心境，而儒家的悅樂導源於好學、行仁和人群的和諧。見該書第 1 頁。孔子說：「學而時習之，不亦悅乎！有朋自遠方來，不亦樂乎！」（《論語・學而》）又說：「飯疏食飲水，曲肱而枕之，樂亦在其中矣，不義而富且貴，於我如浮雲。」（《論語・述而》）這就是孔子內心快樂的表白。孔子安貧樂道，發憤忘食，樂以忘憂的精神，顏回在生活上也有深切的體認。之後，孟子更進一步的發揮，他說：「萬物皆備於我，反身而誠，樂莫大焉。」（《孟子・盡心上》）宋明理學家即傳承此心學之悅樂。程明道曾說：「昔受學於周茂叔，每令尋仲尼顏子樂處，所樂何事。」，而陽明的心學，亦就是求得吾心悅樂的生命學問。

19 見《王陽明全書（一）》第 161 頁〈謹齋說〉（乙亥）。

20 唐君毅先生認爲中國哲學以「論心」爲主，即是說中國學術思想，當以心性之學爲其根本，唐先生在《中國哲學原論・導論篇》第 73 頁云：「然在中國哲學思想，則毋寧是自歷史文化之省察，以引出人生哲學，而由人生哲學以引出宇宙觀形而上學及知識論，則論中國之哲學思想，正無先由知識論宇宙觀下手之必要，而儘可直從中國先哲之人文觀人生觀下手，而人生人文之本，則在人心也。」

微，惟精惟一，允執厥中。」陽明以爲此心學之源頭，而對於道心人心也有一番解說，且不同意以道心爲主，而人心聽命的說法，蓋吾人只有一心，實非有二，陽明說：「心一也，未雜於人謂之道心；雜以人僞，謂之人心。人心之得其正者即道心，道心之失其正者即人心，初非有二心也。程子謂：人心即人欲，道心即天理，語若分析，而意實得之。」[21]。

　　道心雖微，而道心精一即所謂中，亦所謂仁，孔孟求仁之學，即精一之傳。門生又問：「精一如何用功？惟精與惟一有何不同？」陽明答說：「惟一是惟精主意，惟精是惟一功夫，非惟精之外，復有惟一也。精字從米，姑以米譬之，要得此米純然潔白，便是惟一意，然非加舂簸篩揀是惟精之功，然亦不過要此米到純然潔白而已。博學、審問、慎思、明辨、篤行者，皆所以爲惟精而求惟一也。」[22]

　　依陽明，惟精是功夫所在，而惟一之一者，理也，亦即天理之謂也。惟一是主於一，即一心在天理上，專主一個天理，而非專心於某事，如好色、好名、好利。此是向外逐物，非精一之功。這種辨識，非常重要，陸澄對此不甚明白，問曰：「主一之功，如讀書則一心在讀書上，接客則一心在接

---

21 見《傳習錄上》第 17 頁商務版。又陽明在〈重修山陰縣學記〉一文中，對道心、人心亦有精詳的解說，他說：「道心者，率性之謂，而未雜於人，無聲無臭，至微而顯誠之源也。人心則雜於人而危矣，僞之端矣。見孺子之入井而惻隱，率性之道也，從而內交於其父母焉，要譽於鄉黨焉，則人心矣……惟一者，一於道心也。惟精者，慮道心之不一，而或二之以人心也，道無不中，一於道心而不息，是謂允執厥中矣。一於道心，則存之無。不中，而發之無不和。」見《王陽明全書（一）》第 216 頁。
22 見《傳習錄上》第 33 頁商務版。

客上，可以爲主一乎？」陽明答曰：「好色則一心在好色上，好貨則一心在好貨上，可以爲主一乎？是所謂逐物，非主一也，主一是專主一個天理。」[23]。

　　（二）孔孟論心：孔子言仁，罕言心性，《論語》中只有兩處出現「心」字，其一是〈爲政〉子曰：「吾十有五而志於學，三十而立，四十而不惑，五十而知天命，六十而耳順，七十而從心所欲不踰矩。」孔子自喻到了七十歲以後，纔能隨心所欲而不踰越於道德法度，那是不勉而中，本心瑩然，日用之間安而行之的圓融化境，當然這是孔子年少就志於學，一生作踐仁知天的工夫，無所違逆且無不自得的聖人之心，不是平常人所能達到的境界。

　　所以，孔子惟稱讚顏回說：「回也，其心三月不違仁，其餘則日月至焉而已矣。」（《論語・雍也》）爲何顏回之心能夠三月不違仁？因爲顏回好學不倦，不遷怒，不貳過，安貧不求，處陋巷而不改其樂，無私慾之蔽而有仁德，這也不是普通人所能做到的道德修養。從上面兩處論心的涵義來說，孔子所把握的是一種仁心，即道德心（德性心）這一點啓發了孟子對性善的主張，即心言性，孟子論心，即從孔子之仁而來。

　　孟子說：「仁，人心也；義，人路也，捨其路而弗由，放其心而不知求，哀哉！」（《孟子・告子上》）可知，人心有仁，不僅有仁，尚有義禮智等，這四者都是人人固有，非由外鑠的，是人之所以爲人的內在本質。因此，孟子所言

23　見《傳習錄上》第 27 頁。

之心，亦爲一種德性心。[24]孟子反對告子所謂仁內義外之說，仁義禮智這種內在固有的德性心，即是惻隱、羞惡、辭讓、是非之心，又須求放心，存其心，盡其心，養其心，就能成爲有德的君子。[25]孟子稱爲大丈夫或大人。

　　孟子這種存心盡心的成德工夫，陽明也有申論、他說：

> 只存得此心常見在便是學，過去未來事，思之何益，徒放心耳。」（《傳習錄上》）

　　從這句話可以看出陽明與孟子的密切關係。又陽明在答顧東橋書裡，論盡心存心等知行工夫的說法，也是對孟子與《大學》之體認而來。不過與朱子的意見有所不同，陽明說：「朱子以盡心知性知天爲物格知致，以存心養性事天爲誠意正心修身，以殀壽不貳脩身以俟爲知至仁盡，聖人之事。若鄙人之見，則與朱子正相反矣，夫盡心知性知天者，生知安行，聖人之事也；存心養性事天者，學知利行，賢人之事也；殀壽不貳脩身以俟者，困知勉行，學者之事也。」（《傳習錄中》）

　　然而，爲什麼盡心知性是生知安行？存心養性是學知利

24　唐君毅先生《中國哲學原論・導論》第 75 頁云：「吾人之所以說孟子之心，主要爲一性情心德性心者，以孟子言性善，即本於其言心。其心乃一涵惻隱、羞惡、辭讓、是非之情，而爲仁義禮智之德性所根之心。此爲德性所根而涵性情之心，亦即爲人之德行或德性之原，故又可名爲德性心。名之爲德性心，亦即表示其爲具道德價值，而能自覺之心，而非只是一求認識事實，而不自覺其具道德價值之純理智心，純知識心也。」

25　《孟子・告子上》云：「學問之道無他，求其放心而已矣。」〈盡心上〉云：「盡其心者，知其性也，知其性則知天矣，存其心養其性所以事天也。」〈盡心下〉又云：「養心莫善於寡欲。」孟子特別重視求放心，存心養心盡心的工夫，以達於不動心，對宋明儒影響很大。

行，這兩者的差異，關乎聖賢之別，對於這個問題，徐愛曾有一問，陽明回答說：「性是心之體，天是性之原，盡心即是盡性。惟天下至誠，爲能盡其性，知天地之化育。存心者，心有未盡也。知天如知州知縣之知，見自己分上事，己與天爲一。事天如子之事父，臣之事君，須是恭敬奉承，然後能無失，尙與天爲二，此便是聖賢之別。至於殀壽不貳其心，乃是教學者一心爲善，不可以窮通殀壽之故，便把爲善的心變動了，只去修身以俟命，見得窮通殀壽有個命在，我亦不必以此動心，事天雖與天爲二，已自見得個天在面前，俟命便是未曾見面，在此等候相似，此便是初學立心之始，有個困勉的意在。」（《傳習錄上》）。

（三）象山論心：象山年少讀書，理解宇宙二字之義，忽然大省悟道：「宇宙內事，乃己分內事，己分內事，乃宇宙內事。」所以，象山說：「宇宙便是吾心，吾心便是宇宙。」（《象山先生全集・卷二十二雜說》）這句話也可以說是象山心即理的另一註解。而所謂的心或本心，象山亦從孟子的四端而言，他說：「惻隱，仁之端也；羞惡，義之端也；辭讓，禮之端也；是非，智之端也，此即是本心。」[26]

象山所指的心，是人之所以爲人的本質，而與禽獸草木不同的德性，因人受天地之中而生，故心或本心無有不善，這種本善的心至靈，然易爲物慾所蔽，人心受了蒙蔽，則日以陷溺，救溺之道在收拾精神，自作主宰，無事時常涵養，以保本心的清明，自然能善。象山這種心學，對陽明的影響

26　《宋元學案・象山學案》，商務版第 353 頁。

頗深，陽明的思想，就是全部繫在這一個心字上，這個心當然是人的心，人的心從何而來？

　　陽明以為心是天之所以命於我者，此一天命之心是身的主宰，人人具有，且無有不同。陽明在〈稽山書院尊經閣記〉云：「經，常道也，其在於天謂之命，其賦於人謂之性，其主於身謂之心。心也，性也，命也，一也，通人物，達四海，塞天地，亙古今，無有乎弗具，無有乎弗同，無有乎或變者也，是常道也。」[27]心不僅是吾身的主宰，也是天地萬物之主，萬物各有其理，即物為理，而物理不外吾心。

　　陽明說：「在物為理，處物為義，在性為善，因所指而異其名，實皆吾之心也，心外無物，心外無言，心外無理，心外無義，心外無善。」[28]陽明此種說法，乃表示吾身內在之心與外在萬物之理是相通的一件事，但是，仍然有很多學者不明此意，九川先生便有疑問，他認為物在外，如何與身心是一？

　　陽明答曰：「耳目口鼻四肢，身也，非心安能視聽言動？心欲視聽言動，無耳目口鼻四肢亦不能，故無心則無身，無身則無心，但指其充塞處言之，謂之身；指其主宰處言之，謂之心；指心之發動處謂之意；指意之靈明處謂之知；指意

27　見《王陽明全書（一）》第 214 頁，正中書局版。
28　見《明儒學案·姚江學案》商務版第 92 頁。又陽明以為道德仁義之理，也不可外心而求，他在〈答顧東橋書〉一段中說：「心一而已，以其全體惻怛而言謂之仁，以其得宜而言謂之義，以其條理而言謂之理，不可外心以求仁，不可外心以求義，獨可外心以求理乎？」見《傳習錄》商務版第 109 頁。

之涉著處謂之物，只是一件。」[29]陽明以爲，如果我們要眼睛能非禮勿視；耳能非禮勿聽；口能非禮勿言；四肢能非禮勿動；必須由吾心來發動，這視聽言動，都是吾心發竅的結果，那就是說：吾心之視，發竅於目；吾心之聽，發竅於耳；吾心之言，發竅於心；吾心之動，發竅於四肢；假若沒有吾之心，便無耳目口鼻了。

二、心統五官，能知一切

因此，心統五官，能知一切，這種「知」，是一「虛靈明覺」之知，蓋心不是一塊無知的血肉，而是一個有自覺的靈明。[30]這一點靈明，虛靈不昧，自然會知，知善知惡，這善惡全不在物，只在吾心。吾心求善，能存天理，即是聖賢的心，聖人之所以爲聖人，只是其心純乎天理而無人欲之雜，這種聖人之心如明鏡，隨感而應，無物不照，自然爲善。但是，惡人之心，失其本體，即昧於天理，而有不善矣。若常人之心，亦易爲人欲所蔽，氣習所纏，要識破私意，主乎天

---

29 見《傳習錄》商務版第 192 頁。

30 勞思光先生著《中國哲學史》第三卷上冊第 412 頁上說：陽明所用之「心」字，亦可知「心」指自覺意志能力而言。蓋陽明認爲人之自覺能力本身即含普遍規範之要求，亦即是說，人有「應該」或「不應該」之自覺。此種要求，即是所謂「天理」之方向，意志循此方向而活動，即說爲此「心」純合「天理」。而此「心」並不必然純合「天理」，則因有時人受生理或心理等等特殊因素影響，而不能尋求普遍規範，或以愛憎、苦樂等等感受代替「應該」及「不應該」，在陽明即以「人欲」一詞說之。意志方向時時指向普遍規範，即是「存天理去人欲」之實踐。

理，為善不難。因此，陽明說：「聖人之心，纖翳自無所容，自不消磨刮，若常人之心，如斑垢駁雜之鏡，須痛加刮磨一番，盡去其駁蝕，然後纖塵即見，纔拂便去，亦自不消費力，到此已是識得仁體矣。」[31]。

　　因此，吾人為學，只須於心體上用功，從那心上一一理會，成就自家心體，使本心清明，皎如白日，恒古光輝，止於至善。陽明的心正是此心，〈年譜〉上記載先生臨終，門人周積問遺言，陽明微哂曰：「此心光明，亦復何言。」頃之，瞑目而逝。[32]

　　陽明遂進而主張心即理，其實，心即理說並非陽明首倡，明道、象山早已言之。程明道云：「理與心一，而人不能會之為一。」（《遺書卷五》）明道以為吾心所感通的，就是理，所以說心與理能相通為一，而人不能會之為一者，因人心蔽於私，繫於物，故學者須敬守此心，不可急迫求之，此是己私，不足以達道，當涵養深厚，然後可以自得矣。明道的這種思想，為象山所繼承，象山早年有心同理同之言，他說：「東海有聖人出焉，此心同也，此理同也；西海有聖人出焉，此心同也，此理同也……千百世之下有聖人出焉，此心同也，此理同也。」（《宋元學案五十八卷・象山學案》）

　　這種心同理同的看法，引生出他的心體論，他說：「萬物森然於方寸之間，滿心而發，充塞宇宙，無非此理。」（《語錄》）又說：「心一心也，理一理也，至當歸一，精義無二，

31　見《明儒學案・姚江學案・答黃宗賢應原忠》。
32　見《王陽明全書（四）・年譜》，正中書局印行版第 162 頁。

此心此理，實不容有二。」³³象山以為人皆有是心，心皆有是理，心與理本為一，心即理，理即心，人卻析心與理為二，在心之外求理，終至迷離不得。所以，象山要學者存心，保全人心的光明，使至靈的人心，不為物欲所蔽，真正體驗吾心即宇宙，宇宙即吾心。

陽明的心即理說，即從明道、象山而來。陽明說：「夫物理不外於吾心，外吾心而求物理，無物理矣，遺物理而求吾心，吾心又何物邪？心之體，性也，性即理也。故有孝親之心，即有孝之理，無孝親之心，即無孝之理矣。有忠君之心，即有忠之理，無忠君之心，即無忠之理矣，理豈外於吾心邪……心一而已，以其全體惻怛而言謂之仁，以其得宜而言謂之義，以其條理而言謂之理。不可外心以求仁，不可外心以求義，獨可外心以求理乎？外心以求理，此知行之所以二也，求理於吾心，此聖門知行合一之教。」³⁴

陽明以為有一種人「專求本心，遂遺物理」，另有一種人「專求物理，遂遺本心」，此兩者皆不知心即理，故有許多病痛，而不能通達。對此疑難，陽明剴切說明其立言宗旨，他說：

> 諸君要識得我立言宗旨，我如今說個心即理是如何，只為世人分心與理為二，故便有許多病痛。如五伯攘夷狄尊周室，都是一個私心，便不當理，人卻說他做得當理，只心有未純，往往悅慕其所為，要來外面做得好看，卻與心全不相干，分心與理為二，其流至於伯道之偽而不自知。故我說個心即理，要使知心理是

---

33 見《宋元學案・象山學案》。
34 見《傳習錄》商務版第108頁。

　　一個，便來心上做工夫，不去襲義於外，便是王道之
真，此我立言宗旨。[35]

　　陽明最反對分析心與理為二，他以為萬事萬物之理，不
外於吾心，吾心良知之天理已足，不必向外窮天下之理。關
於此說，徐愛曾有一問，他認為凡事只求諸心，恐怕對於天
下事理有不能盡。陽明以為，天下沒有心外之事，沒有心外
之理，心即是理。徐愛又問：例如事父之孝，事君之忠，交
友之信，治民之仁，這其間有許多道理在，不可不察。

　　陽明遂感嘆地說：「此說之蔽久矣，豈一語所能悟，今
姑就所問者言之，且如事父不成，去父上求個孝的理；事君
不成，去君上求個忠的理；交友、治民不成，去友上、民上
求個信與仁的理。都只在此心，心即理也，此心無私欲之蔽，
即是天理，不須外面添一分，以此純乎天理之心，發之事父
便是孝，發之事君便是忠，發之交友治民便是信與仁，只在
此心去人欲存天理上用功便是。」[36]陽明以為孟子所謂學問
之道無他，求其放心而已，此意即要吾人求「心即理」之心，
學「心即理」之理，而非廣記博誦古人之言詞，以求功名利
達於其外也，這就是陽明教人只在此心上用功的意思，功夫
全在去人欲存天理而已。

三、心即理是陽明道德哲學的核心思想

　　「心即理」是陽明道德哲學的核心思想，心即理之「即」，

---

35 見《傳習錄》商務版第 265 頁。
36 見《傳習錄》商務版第 6 頁。

並非同一律之相同（Principle of identity：A 是 A。如：我是我，孔子是孔子。）。所以，心即理，並非心與理合而爲一，而是此理在吾心中[37]。其所謂理，乃爲天理，即倫理道德之理，是一種人和我、我和物的關係之理，亦即是吾人處事、接物、做人的道理。[38]陽明說：「心之本體即是天理」（《傳習錄中》）又說：「天命之性，具于吾心，其渾然全體之中，而條理節目森然畢具，是故謂之天理。」[39]

可知，天理在人心，亙古今，無終始，人若違背了天理，便與禽獸無異了。蓋天理即是良知。（《傳習錄下》）所以，君子爲學，只要求盡吾心之天理，亦即是學存天理，體認天理，念念存天理，隨吾人發見處，就在那上面學個存天理，如發見於事親、事君時，就在事親、事君上學存此天理，至語默動靜，無處不宜，即謂聖人，聖人對萬事萬物並非無所不知，聖人所知只是知個天理而已。

陽明說：「聖人無所不知，只是知個天理，無所不能，只是能個天理，聖人本體明白，故事事知個天理所在，便去盡個天理，不是本體明後，卻於天下事物都便知得，便做得來也。天下萬物，如名物度數，草木鳥獸之類，不勝其煩，

---

37 陽明說，「良知之學，不明於天下，幾百年矣，世之學者，蔽於見聞習染，莫知天理之在吾心，而無假於外也，皆捨近求遠，捨易求難，紛紜交騖，以私智相高，客氣相競，日陷於禽獸夷狄而不知。」見《王陽明全書（四）》第 69 頁。

38 勞思光先生在《中國哲學史第三卷》上冊第 412 頁上說：陽明說「心即理也」並非謂事物規律皆先驗地存於心中，而只是斷定價值規範由此心生出，而此種價值規範，就其整全言之，即陽明所謂「天理」，若分化之後，則成爲孝、忠、信、仁等等德目。

39 見《王陽明全書（一）》第 164 頁，正中書局印行。

聖人須是本體明了，亦何緣能盡知得，但不必知的，聖人自不消求知，其所當知的，聖人自能問人，如『子入太廟每事問』之類。先儒謂『雖知亦問，敬謹之至』此說不可通，聖人於禮樂名物，不必盡知，然他知得一個天理，便自有許多節文度數出來，不知能問，亦即是天理節文所在。」[40]。

天理既是良知，陽明遂論致良知。如此，致良知與存天理，體認天理就有相通義，他說：「凡鄙人所謂致良知之說，與今之所謂體認天理之說，本亦無大相遠，但微有直截迂迴之差耳。譬之種植，致良知者，是培其根本之生意，而達之枝葉者也；體認天理者，是茂其枝葉之生意，而求以復之根本者也。」[41]

第二節　致良知說

一、五十歲，在江西，始揭致良知

陽明〈年譜〉上說，先生 37 歲，在貴陽，始悟格物致知，到五十歲，在江西，始揭致良知。所以，從思想的發展上說，講格物致知在先，倡致良知在後。因此，本節將先論格物致知，再述致良知，蓋陽明正是就《大學》的格物致知而言致良知。

40 見《傳習錄》商務版第 208 頁。
41 見《王陽明全書（二）》第 56 頁。〈與毛古庵憲副（丁亥）〉一文。

　　《大學》第一章云：「大學之道，在明明德，在親民，在止於至善。知止而後有定，定而後能靜，靜而後能安，安而後能慮，慮而後能得。物有本末，事有始終，知所先後，則近道矣。古之欲明明德於天下者，先治其國，欲治其國者，先齊其家，欲齊其家者，先修其身，欲修其身者，先正其心，欲正其心者，先誠其意，欲誠其意，先致其知，致知在格物。物格而後知至，知至而後意誠，意誠而後心正，心正而後身修，身修而後家齊，家齊而後國治，國治而後天下平。」

　　根據朱熹《四書集註》，朱子對致知格物的註解云：「致，推極也，知，猶識也，推極吾之知識欲其所知無不盡也。格，至也，物猶事也，窮至事物之理，欲其極處無不到也。」[42]陽明以爲朱子錯訓格物。未免牽合附會，非《大學》本旨，他說：「朱子所謂格物云者，在即物而窮其理也，即物窮理是就事事物物上求其所謂定理者也，是以吾心而求理於事事物物之中，析心與理而爲二矣。」[43]

　　陽明認爲朱子即物窮理之說有問題[44]，如果說求理於事事物物，今舉孝親一事闡明，依朱子，孝親即求孝之理於其親，但是，孝之理是否在其親之身上？假設孝之理果在其親

---

42 見朱熹《四書集註》第 2 頁，世界書局印行。
43 見《傳習錄》第 112 頁，商務版。
44 即物窮理之說，見朱熹《四書集註・大學》第 6 頁，朱子曰：「所謂致知在格物者，言欲致吾之知，在即物而窮其理也。蓋人心之靈，莫不有知，而天下之物，莫不有理，惟於理有未窮，故其知有不盡也。是以《大學》始教，必使學者即凡天下之物，莫不因其已知之理而益窮之，以求至乎其極。至於用力之久，而一旦豁然貫通焉，則眾物之表裏精粗無不到，而吾心之全體大用無不明矣，此謂物格，此謂知之至也。」

之身，則親亡之後，吾心就沒有孝之理了！可見孝之理在於吾心之中。

　　所以，格物工夫只在心上做，陽明曾舉格竹子的經驗以及在夷中三年龍場悟道的一番體驗，以明其意，他說：「眾人只說格物要依晦翁，何曾把他的說去用，我著實曾用來。初年與錢友同論做聖賢要格天下之物，如今安得這等大的力量，因指亭前竹子令其格看，錢子早夜去窮格竹子的道理，竭其心思至於三日，便致勞神成疾，當初說他這是精力不足，某因自去窮格，早夜不得其理，到七日，亦以勞思致疾，遂相與嘆聖賢是做不得的，無他大力量去格物了。及在夷中三年，頗見得此意思，乃知天下之物本無可格者，其格物之功，只在身心上做，決然以聖人為人人可到，便自有擔當了，這裏意思，卻要說與諸公知道。」[45]

　　這就是說，「格物」不能釋為「格天下之物」，天下萬物之多，如何格得？一草一木皆各有其理，如何去格？縱使格盡天下之物，對自家心體亦無益。因此，陽明解「格」字作「正」，解「物」字作「事」。他說：「格物如孟子『大人格君心』之格，是去其心之不正，以全其本體之正。」（《傳習錄上》）陽明認為此一正其不正以歸於正的格物工夫，實是《大學》入門工夫，徹頭徹尾，自初學到聖人，只此工夫而已。所以說，格物是致知功夫，格物更是「止至善」之功。

　　陽明論格物，並連致知一齊說，他說：

　　　若鄙人所謂致知格物者，致吾心之良知於事事物物

45　見《傳習錄》第 262 頁，商務版。

也，吾心之良知，即所謂天理也，致吾心良知之天理
於事事物物，則事事物物皆得其理矣。致吾心之良知
者，致知也，事事物物皆得其理者，格物也，是合心
與理而為一者也。[46]

陽明這種致知格物的主張，不僅合心與理而爲一，更是
合知與行而爲一，而非虛空之談。今舉孝親一事說明格物致
知的知行真諦。陽明說：「知如何而爲溫凊之節，知如何而
爲奉養之宜者，所謂『知』也，而未可謂之『致知』。必致
其知如何爲溫凊之節者之知，而實以之溫凊，致其知如何爲
奉養之宜者之知，而實以之奉養，然後謂之『致知』。溫凊
之事，奉養之事，所謂『物』也，而未可謂之『格物』，必
其於溫凊之事也，一如其良知之所知，當如何爲溫凊之節者
而爲之，無一毫之不盡。於奉養之事也，一如其良知之所知，
當如何爲奉養之宜者而爲之，無一毫之不盡，然後謂之『格
物』，溫凊之物格，然後知溫凊之良知始致，奉養之物格，
然後知奉養之良知始致，故曰物格而後知至。」[47]。

二、致知為致吾心之良知

陽明把「致知」解釋爲「致吾心之良知」[48]，以爲此是

46　見《傳習錄》第 113 頁，商務版。
47　見《傳習錄》第 119 頁，商務版。
48　陽明釋「致知」爲「致吾心之良知」，結果造成陽明與朱子的根本差
　　異。熊十力先生在《讀經示要》卷一第 101 頁上說：「朱子以知爲知
　　識之知，而謂天下之物，莫不有理，格，至也，轉訓爲窮，以即物而
　　窮其理爲格物……後來陽明之心，與朱子根本迥異者（一）：致知之

千古聖學不二之秘，乃是孔門正法眼藏。陽明說：「凡人之不爲善者，雖至於逆理亂常之極，其本心之良知，亦未有不自知者，但不能致其本然之良知，是以物有不格，意有不誠，而卒入於小人之歸。故凡致知者，致其本然之良知而已，《大學》謂之致知格物，在《尙書》謂之精一，在《中庸》謂之慎獨，在《孟子》謂之集義，其功夫一也。」[49]所以，凡人之良知，必能知善知惡，而爲善去惡的功夫，就是致良知。

　　然而，何謂「良知」？良知的意義是什麼？良知與禪之「本來面目」是否相同？學者或疑陽明爲禪，對此誤解，陽明答曰：

> 不思善，不思惡，時認本來面目，此佛氏爲未識本來面目者設此方便，本來面目即吾聖門所謂良知，今既認得良知明白，即已不消如此說矣。隨物而格，是致知之功，即佛氏之常惺惺，亦是常存他本來面目耳，體段工夫大略相似，但佛氏有個自私自利之心，所以便有不同耳。[50]

　　陽明之學既不同於佛氏，故其良知亦非禪。良知一詞，孟子早已言之，〈盡心上〉孟子云：「人之所不學而能者，

知，陽明說爲心，易言之，即說爲本體，而非知識之知。（二）：陽明說理即心，與朱子說理在物，又絕不相同。（三）：朱子之說，雖不明言物是離心外在，而似有物屬外在之意。陽明說心之所發爲意，意之所在爲物，則物非離心而獨在，與朱子又大異。如上三義，皆陽明與朱子根本迥異處……此一爭端，實漢以後，吾國學術史上最重要之一問題，直至今日，此問題不獨未解決，更擴大而爲中西學術是否可以融通之問題。」

49 見《王陽明全書（二）》第 109 頁，〈與陸清伯書〉。
50 見《傳習錄》第 151 頁。

其良能也；所不慮而知者，其良知也。孩提之童，無不知愛其親也，及其長也，無不知敬其兄也。」孟子這種良知良能的說法，陽明有深切的體認，他說：「知是心之本體，心自然會知，見父自然知孝，見兄自然知弟，見孺子入井自然知惻隱，此便是良知，不假外求。」（《傳習錄上》）可見陽明的良知，是從孟子而來。

　　陽明又說：「是非之心，不慮而知，不學而能，所謂良知也。良知之在人心，無間於聖愚，天下古今之所同也。」（《傳習錄中・答聶文蔚》），「是非之心」亦出於《孟子・告子上》，孟子認為人皆固有惻隱之心、羞惡之心、恭敬之心、是非之心。而陽明特別看重「是非之心」，他以為凡人皆先天固有一種不慮而知、不學而能的是非之心，這就是良知。良知只是一個是非之心，是非兩字是個大規矩，是的還他是，非的還他非，是非只依良知之獨知[51]，便無有不是處。

　　所以說，良知是個大頭腦，因為良知在人心，恒萬古，塞宇宙，而無不同，不但聖賢，雖常人亦無不如此。聖賢只是保得完全，能致其良知，無些障礙，而常人多為物欲蒙蔽，不能循得良知而已。但是，良知在人，無論聖賢、常人或盜賊，隨你如何兇惡，也不能泯滅。雖強盜寇賊，亦自知不當為盜賊，喚他做賊，他還會慚愧害羞哩！所以，良知是吾人的明師，陽明所謂「千聖皆過影，良知乃吾師」。[52]

---

51 陽明在〈答人問良知二首〉一詩云：「良知卻是獨知時，此知之外更無知，誰人不有良知在，知得良知卻是誰。知得良知卻是誰，自家痛癢自家知，若將痛癢從人問，痛癢何須更問為。」見《王陽明全書（二）》第 207 頁。

52 見《王陽明全書（四）》第 149 頁，正中書局印行。

　　陽明這種以良知爲師之說，並非虛玄蹈空之論，而是從百死千難中得來。蓋陽明自經宸濠之亂以及張忠、許泰之變以後，更相信良知足以忘患難，出生死，只要信得良知，就自己良知上真切體認，外物即不能擾亂這不昧的心之本體。陽明咏月夜二首之一〈與諸生歌于天泉橋〉云：「萬里中秋月正晴，四山雲靄忽然生，須臾濁霧隨風散，依舊青天此月明。肯信良知原不昧，從他外物豈能攖。老夫今夜狂歌發，化作鈞天滿太清。」[53]

　　這個不昧的良知，就是所謂真正的自我，乃是人的真頭面，陽明在〈詠良知四首示諸生〉一詩中說：「（一）個個人心有仲尼，自將聞見苦遮迷。而今指與真頭面，只是良知更莫疑。（二）問君何事日憧憧，煩惱場中錯用功，莫道聖門無口訣，良知兩字是參同。（三）人人自有定盤針，萬花根緣總在心，卻笑從前顛倒見，枝枝葉葉外頭尋。（四）無聲無臭獨知時，此是乾坤萬有基，拋卻自家無盡藏，沿門持鉢效貧兒。」[54]。

　　從上所述，吾人得知良知是昭明不昧，靈覺圓融，周流不滯，變通不居，廓然與太虛同體，亦就是人與天地萬物共有的本體[55]，這個本體是天植靈根，是造化的精靈，生生不

---

53 見《王陽明全書（二）》第 204 頁，正中書局印行。

54 見《王陽明全書（二）》第 206 頁。又同書第 207 頁陽明〈示諸生三首〉之一云：「人人有路透長安，坦坦平平一直看，盡道聖賢須有秘，翻嫌易簡卻求難。只從孝弟爲堯舜，莫把辭章學柳韓，不信自家原具足，請君隨事反身觀。」

55 所以陽明說人的良知，就是草木瓦石的良知，《傳習錄》第 234 頁先生曰：「人的良知，就是草木瓦石的良知，不可以爲草木瓦石矣。豈惟草木瓦石爲然，天地無人的良知，亦不可爲天地矣。蓋天地萬物與

息，生天地，成鬼神。所以，天地萬物都在良知的發用流行中，沒有一物超於良知之外。蓋良知常覺、常照，有如明鏡，無一物能自遁其妍媸，而其妙用，無方體，無窮盡[56]，當下具足，不須假借，乃天理之昭明靈覺處，故良知即是天理，陽明總言「良知之天理」[57]。

　　陽明以良知即天理，又認良知即未發之中，亦即是發而中節之和。未發已發出自《中庸》，《中庸》第一章說：「喜怒哀樂之未發，謂之中，發而皆中節謂之和。」陽明遂主張良知即中和，即是廓然大公，寂然不動之本體，無前後，無內外，即體即用，體用一源，即寂即感，即動即靜，而渾然一體。有「未發之中」，即有「發而皆中節之和」，蓋「未發在已發之中，而已發之中未嘗別有未發者在，已發在未發之中，而未發之中未嘗別有已發者存，是未嘗無動靜，而不

　　人原是一體，其發竅之最精處，是人心一點靈明。風、雨、露、雷、日、月、星、辰、禽、獸、草、木、山、川、土、石，與人原只一體，故五穀禽獸之類皆可以養人，藥石之類皆可以療疾，只為同此一氣，故能相通耳。」

56 陽明說：「夫良知一也，以其妙用而言謂之神，以其流行而言謂之氣，以其凝聚而言謂之精，安可以形象方所求哉？」見《傳習錄》第 143 頁。

57 牟宗三先生以為陽明論良知，乃從孔子的仁，孟子的心性四端，象山的道德性之本心而來，到陽明，一轉而為良知，他說：「良知是認識此本心之訣竅，亦是本心直接與具體生活發生指導，主宰關係之指南針；而良知之內容亦不只是光板的、作用的明覺，而是羞惡、辭讓、是非、惻隱全在內的心體之全，故陽明總言良知之天理。」見《心體與性體》第一冊第 127 頁。此外，唐君毅先生在《中國文化之精神價值》一書中第 158 頁上說：「吾人自能當機而知所當為並擇其所當為，此即為吾人之良知。」第 159 頁又說：「中國先哲如王陽明言良知，則重在言人之本來能知如何應當下之具體事物之當然之道，而依之以行。」此即陽明所說「良知之天理」一語之註解。

可以動靜分者也。」[58]。

　　這種看似虛玄的「未發之中」究竟是什麼？學者劉觀時就有一問，陽明回答說：「汝但戒慎不覩，恐懼不聞，養得此心純是天理，便自然見。」（《傳習錄上》）這句話是說，吾人必須平日將好名、好利、好色等私心欲念一一掃除蕩滌，無復絲毫留滯，涵養此心全體廓然，純是天理，纔可謂之喜怒哀樂未發之中，這種戒慎恐懼就是致良知的工夫，陽明說：「人之心神只在有覩有聞上馳騖，不在不覩不聞上著實用功，蓋不覩不聞是良知本體；戒慎恐懼是致良知的工夫，學者時時刻刻常覩其所不覩，常聞其所不聞，工夫方有個實落處，久久成熟後，則不須著力，不待防檢，而真性自不息矣。」[59]。

三、致良知是聖門教人第一義

　　陽明的良知之學，主要就是強調這種致良知的工夫，他以為致良知是聖門教人第一義，是學問的大頭腦，真聖門正法眼藏，陽明平生講學，也是致良知三字而已。致良知是成

58　見《傳習錄》第 147 頁，商務版。案陽明不以動靜分未發已發，唯恐　　學者以為心存寧靜就是未發之中，而不去實地用功。《傳習錄》上篇　　第 34 頁有一段對話，陽明對此解說極精詳。問：「寧靜存心時，可為　　未發之中否？」先生曰：「今人存心，只定得氣，當其寧靜時，亦只　　是氣寧靜，不可以為未發之中。」曰：「未便是中，莫亦是求中功夫？」　　曰：「只要去人欲，存天理，方是功夫，靜時念念去人欲存天理，動　　時念念去人欲存天理，不管寧靜不寧靜，若靠那寧靜，不惟漸有喜靜　　厭動之弊，中間許多病痛，只是潛伏在，終不能絕去，遇事依舊滋長，　　以循理為主，何嘗不寧靜，以寧靜為主，未必能循理。」

59　《見傳習錄》第 270 頁。

德工夫，其工夫理論簡易真切，實有下手處。陽明說：「邇來只說致良知，良知明白，隨你去靜處體悟也好，隨你去事上磨鍊也好，良知本體原是無動無靜的，此便是學問頭腦，我這個話頭，自滁州到今，亦較過幾番，只是致良知三字無病，醫經折肱，方能察人病理。」[60]。

　　陽明的致良知，工夫全在一個「致」字上。致良知之致，有推廣擴充義，吾人有良知若不用力將良知推擴出來，使其發展壯大，則私欲雜染，便潛滋暗長，而良知障蔽，不得顯發矣。因此，要念念致良知，將此障蔽窒塞一齊去盡。陽明說：「人心是天淵，心之本體無所不該，原是一個天，只為私欲障礙，則天之本體失了。心之理無窮盡，原是一個淵，只為私欲窒塞，則淵之本體失了。如今念念致良知，將此障礙窒塞一齊去盡，則本體已復，便是天淵了。」[61]

　　念念致良知，也就是要時時用致良知的功夫，隨時就事上致其良知，著實去做致良知，依此良知忍耐做去，隨人嘲笑，隨人毀謗，任人欺慢，不論榮辱。我只管是這致良知的主宰，惟務致其良知，則自能公是非，是其是，非其非，同好惡，視人如己，而以天地萬物為一體。

　　陽明這種致良知的工夫，就是以良知之天理為準則，蓋良知是吾人自家的準則，只是一個天理自然明覺發見處，亦只是一個真誠惻怛。吾人意念著處，它是便知是，非便知非，不要自欺，也不要自瞞，實實落落依著它做去，善乃存，惡

60　見《傳習錄》第 228 頁。案〈年譜〉上記載，正德十六年辛巳，陽明五十歲，在江西，始揭致良知之教。
61　見《傳習錄》第 205 頁。

乃去，何等安易穩當。故陽明說：

> 致此良知之真誠惻怛以事親便是孝，致此良知之真誠
> 惻怛以從兄便是弟，致此良知之真誠惻怛以事君便是
> 忠，只是一個良知，一個真誠惻怛。[62]。

　　從上所述，吾人得知陽明的致良知，就是教人在格物上
著實用功，隨各人分限所及，今日所知，擴充到底，一日比
一日長進，愈久愈覺精明，苟能致得良知精精明明，絲毫無
蔽，雖聲色貨利之交，無非天理流行矣。這種實去用功的踐
履之道，不能只作一場話說，須反求諸己，非下真切功夫不
可，《傳習錄下》記載一段問答，最能說明致良知的實踐精
神[63]：一友問功夫不切。先生曰：「學問功夫，我已曾一句
道盡，如何今日轉說轉遠，都不著根！」對曰：「致良知蓋
聞教矣，然亦須講明。」先生曰：「既知致良知，又何可講
明？良知本是明白，實落用功便是，不肯用功，只在語言上
轉說轉糊塗。」曰：「正求講明致之之功。」先生曰：「此
亦須你自家求，我亦無別法可道。」[64]。

62　見《傳習錄》第 182 頁
63　陽明以致良知為學，其實踐精神與孔子言仁相近似，其工夫亦無大異
　　於《大學》之明明德及《中庸》言「誠之」之道。熊十力先生《讀經
　　示要》卷二第 116 頁上說：「陽明言致良知，《易》曰：乾元大始，又
　　曰：乾以易知，是良知即乾元也，乾元亦說為仁，良知與仁非二也。」
64　見《傳習錄》第 237 頁，另據唐君毅先生所著《中國哲學原論導論篇》
　　第 325 頁言王陽明之致良知，唐先生說：「致良知之工夫，亦非以另
　　一心，去致良知，而實只是良知本體之自致，而自呈顯，以為功夫。
　　致良知實即良知本體之自己流行為工夫或用。此中如即本體而言，則
　　工夫或用，皆屬於此本體，所謂『即體而言用在體』是也。如即工夫
　　或用而言，則其中全幅是本體之呈現，所謂『即用而言體在用』是也。
　　推而言之，則即流行，即主宰，即動即靜，即寂即感，即知即行之義，
　　於是乎在。」

第三節　知行合一說

一、私欲蒙蔽，知行終歸為二

　　根據陽明〈年譜〉的記載，陽明在龍場悟道的次年，主講貴陽書院，始論知行合一之說。但是，學者對知行本體把握不住，紛紛表示懷疑，有人以《尚書‧說命》之「非知之艱，行之惟艱」二句為問，或疑知行不能合一。陽明回答說：「良知自知，原是容易的，只是不能致那良知，便是『知之匪艱，行之惟艱』」[65]。一般學者不瞭解知行合一的真諦，陽明所謂的知，當然是知善知惡的良知之「知」，是知天理，不是知名物；其所謂的行，乃指意念發動到開展完成之整個行為歷程。

　　所以，「行」也是天理所有之行，而非名物之知所發動的行。因此，其所謂的合一是良知之知和良知之行的合一，亦是天理之知和天理之行的合一，這種良知的知行常合為一。所以，陽明說良知自知，蓋良知之知，是事情當前時，所有是非善惡之知，吾人應當做某事或不應當做某事，良知原是容易自知的，只是不能致那良知，便是知行不合一，苟能致良知，就是知行合一了。

　　因此，陽明說：「孟子云：是非之心，知也，是非之心，

65　見《傳習錄》第 264 頁。

人皆有之，即所謂良知也，孰無是良知乎！但不能致之耳。
《易》謂知至至之。知至者，知也，至之者，致知也，此知
行之所以一也。」[66]這種致良知的知行合一，原本簡易明白，
只是常人往往爲私欲蒙蔽，不能知至而且行至，知行終歸爲
二，這就是孔子所說「知及之，仁不能守之。」（《論語‧
衛靈公》）的道理，學者不明孔子這句話的意思。相反的，
舉「知及之，仁不能守之」爲例，認爲知行不能合一。

　　陽明回答說：「說『及之』已是行了，但不能常常行，
已爲私欲間斷，便是『仁不能守』」（《傳習錄下》）。可
知，私欲是隔斷知行的主因。因此，只要存天理，去人欲，
致良知，知行必是合一的。這種簡易之理，門人徐愛未能完
全體會，提出疑問，認爲人人雖知父當孝，兄當弟，卻不能
孝，不能弟，知行分明是兩件，陽明回答說：「此已被私欲
隔斷，不是知行的本體了，未有知而不行者。知而不行，只
是未知，聖賢教人知行，正是要復那本體，不是著你只恁的
便罷。故《大學》指個真知行與人看，說『如好好色，如惡
惡臭』，見好色屬知，好好色屬行，只見那好色時已自好了，
不是見了後立個心去好；聞惡臭屬知，惡惡臭屬行，只聞那
惡臭時已自惡了，不是聞了後別立個心去惡。如鼻塞人雖見
惡臭在前，鼻中不曾聞得，便亦不甚惡，亦只是不曾知臭。
就是稱某人知孝，某人知弟，必是其人已曾行孝行弟，方可

66　見《王陽明全書（二）》第 32 頁。在同書第 99 頁上陽明說：「《易》
　　曰知至至之，知至者，知也；至之者，致知也，此知行之所以合一也。
　　若後世致知之說，止說得一知字，不曾說得致字，此知行所以二也。」
　　所以，致知之必在於行，而不行不可以爲致知也。

稱他知孝知弟，不成只是曉得說些孝弟的話，便可稱爲知孝弟。又如知痛，必已自痛了方知痛；知寒，必已自寒了；知饑，必已自饑了。知行如何分得開？此便是知行的本體，不曾有私意障斷的。聖人教人必要是如此，方可謂之知，不然，只是不曾知，此卻是何等緊切著實的工夫，如今苦苦定要說知行做兩個，是甚麼意？某要說做一個，是甚麼意？若不知立言宗旨，只管說一個兩個亦有甚用。」[67]

　　這一段話，陽明對知行問題解說得相當精詳，陽明舉《大學》之「如惡惡臭，如好好色」來說明知行本體原是合一的。所謂「知行本體」，即是良知本體，亦就是本心（或心體）。本心如果被私欲所蒙蔽，則心雖知孝而不能行孝，知行被私意所隔斷，而不能合一；若是沒有私欲，則其孝親的良知自然能致於父母，心知孝而表現爲孝行，如此，便是知行合一，就是復得那知行本體了。

二、知是行的主意，行是知的功夫

　　徐愛又以爲古人把知行做兩個，是教人一方面做知的功夫，另一方面做行的功夫，這樣，知行功夫纔有下落。陽明回答說：「此卻失了古人宗旨也，某當說知是行的主意，行是知的功夫；知是行之始，行是知之成。若會得時，只說一個知已自有行在，只說一個行已自有知在。古人所以既說一個知，又說一個行者，只爲世間有一種人，懵懵懂懂的任意去做，全不解思惟省察，也只是個冥行妄作，所以必說個知，

――――――――――――――――
67 見《傳習錄》第10頁。

方纔行得是，又有一種人，茫茫蕩蕩懸空去思索，全不肯著實躬行，也只是個揣摸影響，所以必說一個行，方纔知得真。此是古人不得已補偏救弊的說話，若見得這個意時，即一言而足，今人卻就將知行分作兩件去做，以為必先知了，然後能行，我如今且去講習討論做知的工夫。待知得真了，方去做行的工夫，故遂終身不行，亦遂終身不知，此不是小病痛，其來已非一日矣。某今說個知行合一，正是對病的藥，又不是某鑿空杜撰，知行本體原是如此，今若知得宗旨時，即說兩個亦不妨，亦只是一個，若不會宗旨，便說一個，亦濟得甚事，只是閒說話。」[68]

三、知行合一針治冥行妄作及懸空思索

　　陽明這一段話，說明知行合一乃針治冥行妄作及懸空思索二病，要人言行相顧，言顧行，行顧言，勉人著實躬行，勿以空言為學。陽明認為良知之知乃作是非善惡的正當判斷，所以說知是行的主意，而行是良知之開展，故謂行是知的功夫。知行雖是兩個字，卻只說一個功夫，知行實不可分作兩事，蓋聖學只有一個功夫，故云知者行之始，行者知之成，亦就是即知即行，知在行中，行而有知，所以，只說一個知已自有行在，只說一個行已自有知在了。

　　陽明的知行合一之說，與《中庸》「博學之、審問之、慎思之、明辨之、篤行之」[69]是否有不合而違逆之處，門人

68　見《傳習錄》第 11 頁。
69　《中庸》第 20 章云：「博學之、審問之、慎思之、明辨之、篤行之。

就有此種疑問，因為《中庸》說「博學之」，又說個「篤行之」，分明知行是兩件，不能合一，況且自來學者皆以學、問、思、辨屬知，而以篤行屬行，知行分明是兩截事。陽明對此知行問題，回答說：「凡謂之行者，只是著實去做這件事，若著實做學問思辨的功夫，則學問思辨亦便是行矣，學是學做這件事，思辨是思辨做這件事，則行亦便是學問思辨矣。若謂學、問、思、辨之，然後去行，卻如何懸空先去學問思辨得，行時又如何去得做學問思辨的事。行之明覺精察處便是知，知之真切篤實處便是行，若行而不能精察明覺，便是冥行，便是學而不思則罔。所以必須說個知，知而不能真切篤實，便是妄想，便是思而不學則殆。所以必須說個行，原來只是一個工夫，凡古人說知行，皆是就一個工夫上補偏救弊說，不似今人截然分作兩件事做。某今說知行合一，雖亦是就今時補偏救弊說，然知行體段亦本來如是，吾契但著實就身心上體履，當下便自知得，今卻只從言語文義上窺測，所以牽制支離，轉說轉糊塗，正是不能知行合一之弊耳。」[70]

　　陽明此段答話，說明行的意義。所謂「行」，簡單地說，就是去做一件事，例如學者，必奉養父母，躬行孝道，纔謂之學，豈只空言口耳講話，而可以謂之學孝乎！又如學射，學書畫等等皆同是理。以現代的事舉例來說，學開車，必是

有弗學，學之弗能，弗措也；有弗問，問之弗知，弗措也；有弗思，思之弗得，弗措也；有弗辨，辨之弗明，弗措也；有弗行，行之弗篤，弗措也。」《中庸》這一段話，要人困知勉行，擇善固執。學、問、思、辨、行五者不可偏廢，非至能、知、得、明、篤、不停止，充分表示精進之意。

70　見《王陽明全書（二）》第 48 頁。

學習者親自操作方向盤，把車子開到公路上來，纔算真正的學開車，而這一個開車的動作，就是「行」了。若是只在課堂上聽講開車術，理論理解得再深，也還是不會開車，這就等於沒有學開車一樣，學習游泳也是如此，沒有親自下水，如何學習游泳？而下水游泳，就是「行」，即是「學」。

四、盡天下之學，無有不行而可以言學者

所以，陽明說：「盡天下之學，無有不行而可以言學者，則學之始固已即是行矣……蓋學之不能以無疑，則有問，問即學也，即行也；又不能無疑，則有思，思即學也，即行也；又不能無疑，則有辨，辨即學也，即行也。辨既明矣，思既慎矣，問既審也，學既能矣，又從而不息其功焉，斯之謂篤行，非謂學問思辨之後，而始措之於行也，是故以求能其事而言謂之學，以求解其惑而言謂之問，以求通其說而言謂之思，以求精其察而言謂之辨，以求履其實而言謂之行，蓋析其功而言則有五，合其事而言則一而已。此區區心理合一之體，知行並進之功，所以異於後世之說者，正在於是。今吾子特舉學問思辨以窮天下之理，而不及篤行，是專以學問思辨為知，而謂窮理為無行也已，天下豈有不行而學者邪？豈有不行而遂可謂之窮理者邪？」[71]

陽明這一段話，是說明「學行合一」，《中庸》的學行合一雖與致良知的「知行合一」不盡相同，但義理可以相通。

---

71 見《傳習錄》第 114 頁。

蓋知行工夫本不可離，且不行不足謂之知，而真知即所以為行，所以，陽明說：「知之真切篤實處即是行，行之明覺精察處即是知」因此，陽明說：

> 若知時，其心不能真切篤實，則其知便不能明覺精察，不是知之時只要明覺精察，更不要真切篤實也。行之時，其心不能明覺精察，則其行便不能真切篤實，不是行之時只要真切篤實，更不要明覺精察也。[72]

以上簡述知行合一之意義，而陽明之所以提倡知行合一的宗旨是什麼呢？在《傳習錄》下篇有一段記載：問知行合一，先生曰：

> 此須識我立言宗旨，今人學問，只因知行分作兩件，故有一念發動，雖是不善，然卻未曾行，便不去禁止。我今說個知行合一，正要人曉得一念發動處，便即是行了，發動處有不善，就將這不善的念克倒了，須要徹根徹底不使那一念不善潛伏在胸中，此是我立言宗旨。」[73]

陽明這一段話提醒學者隨時關注意念初動之本源善惡問題，若有惡念初動，必將這惡念克除，要徹底地不使那惡念潛藏在心中，代之以善念生，真正地做到為善去惡，天理流行，使良知之「知」明覺天理，而與吾人之行為歷程圓融無間，通透無隱，這纔是陽明知行合一的立言宗旨。

---

72 見《王陽明全書（二）》第 50 頁。
73 見《傳習錄》第 207 頁。

第三章　康德的道德哲學

第一節　道德形上學的根本原理

前言：論道德哲學

　　康德以為一切理性的知識，包括實質的和形式的兩種，形式的哲學叫做邏輯。實質的哲學又分為二類，一為物理學，乃探討自然法則之學，一為倫理學，乃論究自由法則之學。倫理學又名道德哲學，邏輯不能有經驗的成份，但是，自然哲學和道德哲學兩者皆可以有經驗的成份，因為前者決定經驗對象的自然法則，即是一切事物實然發生的法則；後者決定人類意志之法則，那是受自然所影響的一切事物應當發生的法則，不過也要論及那些應當發生而常不發生的情況。

　　如是，一切根據經驗的哲學，吾人可以叫它為「經驗哲學」。

　　另外，那種單從超乎經驗的先驗原則而完成其學理的，可以稱之「純粹哲學」，倫理學也可以這樣區分，在倫理學中，那屬於經驗的部份，或許可以取個特別的專名，叫它「實

用人類學」（Practical Anthropology），至於純粹理性的部分，叫做「道德學」（Morality），這兩種學問的性質不同，所需要的研究方法也就各有不同。

　　所以，我們必須永遠謹慎地把經驗部分與理性部分分開，亦即是在實用人類學之前加個道德形上學，道德形上學必須完全清除一切經驗的元素，因為它是一種純粹的道德哲學，這種哲學的可能性，只要我們從普遍的本務（duty）及道德法則等觀念，即可見出其存在。例如，「不可說謊」這一律令，對一切有理性者皆當遵守，其他的道德法則亦皆如是，因此，本務的基礎不可求之於人間社會或自然人性，一定要超乎經驗地在純粹理性中去尋找，假定有稍微的經驗成份，如涉及動機，則不可稱為道德法則，也許只是個實用上的規律而已。

　　所以，康德認為道德哲學必須完全立基於它的純粹部分上，而且，道德哲學應用於人生社會時，只是把先驗法則頒給人類，吾人必須具備敏銳的判斷力，才能辨別出在何時何地應用這些法則。因為，凡人雖有實踐純粹理性的觀念，但也深受許多嗜好性癖（Propensity）的影響，要使這些道德法則具體地在人的生活中發生效力，並非易事。

　　由此觀之，道德形上學實屬必要，它深究那些存在於我們理性內的實踐原理之根源，確定最高原則與至善典範，去評估道德，以防止道德本身的腐化。蓋道德的善，不僅是行為符合於道德法則，而且必須只是為道德法則之故而完成，因為，一個不是道德的原則，雖可偶然產生符合道德法則的行為，但卻時常發生違反道德之事。吾人只能在純粹哲學中，

發現純正的道德法則，這對人生實踐而言，是極爲重要的。

　　因此，我們一定要從形上學開始，若不如此，便無道德哲學可言。申言之，道德形上學所探討的是一可能的純粹意志的觀念與原則，並非只是汎汎研究人類決意的行動與條件。事實上，道德形上學除了對純粹實踐理性作批判外，再也沒有其他的基礎了，直至對於純粹實踐理性有了縝密的批判以後，一定可以明白指出這種實踐理性與思辨理性是同一個理性，只是在應用上有所分別罷了！

　　康德此一著作，書名叫《道德形上學的根本原理》（Fundamental Principles of the Metaphysic of Morals），正是要研判與建立道德的最高原理，單此工作也足以構成一個獨立完整的研究範疇，與其他道德研究區別開來。在該書中，康德首先使用分析法，由普通的知識步步推進，達至決定它的最根本的原理，再用綜合法，從這個最根本的原理及其根源之研考，降回到普通的知識。此時，我們可以在這普通的知識中，見到此原理已被應用。因此，本節將依書中內容，分別論述善意、本務（duty）、律令、目的、自由等思想概念，以明其大意。

一、論善意與理性

　　康德在《道德形上學的根本原理》一書中開宗明義宣稱，在這世界內外，除了良善意志（Good Will，善意），沒有其他東西可以無限制的被稱爲善。博學多聞、資賦優異、機警敏銳、明智的判斷力、膽識、勇敢、果斷、堅忍等品格，無

疑都是好的，可是，如果運用這些才能的意志不是善的，則這些才能也許可變成極端不好或有害的。例如：有權勢、豐富財產、好名聲、身心健康、生活快樂美滿等，假若沒有善意加以導正，使之合乎善的目的，則這等幸福好運往往使人驕傲自負，引發專橫無道。

　　一個無德敗行，違法亂紀，貪污受賄，沒有純粹善意的人，若享有高官大位、大權在握、榮華富貴，這總不能使任何有理性者感到快慰，如此說來，善意似乎是構成幸福之不可缺少的必要條件。另外，尚有一些好的品性，古今中外皆讚賞的美德，例如：溫和冷靜、克己節制、周詳計議、深謀遠慮等，它們本身沒有無條件的價值，而必須以善意為先決條件，因為假設沒有善意為其主導，這些德性可能變成極壞，一個沈著冷靜，周詳謀慮的惡徒，比一個不明智，沒有計謀之才能的人，更加危險而且更令人憎惡。（此說恰如陽明所云：記誦之廣，適以長其傲，知識之多，適以行其惡也，聞見之博，適以肆其辯也，辭章之富，適以節飾其偽也。參見《王陽明全書（四）》第 139 頁）。

　　善意之所以為善，並不是因為它所成就的功效，亦非因為它易於達成某些預定的目標，而只是為了決意的原故。換句話說，善意本身即是善的，善意就其自身而言，受到很高的評價，由它引生的崇敬，比一切性好（inclination）所能做到的高出很多；縱使這個善意遭遇逆境，而一事無成，它仍然好比一塊瑰寶，依舊保有自身的光輝燦爛，無論有用或無用，有結果或無成效，皆不足以增損它本身內在固有的價值。

　　善意本身即是善，不受性癖嗜好左右，不為目的，亦無

動機等等，已如上述，然此意志從何而來？人之為人，除意志外，尚有本能、性向、愛好、情感、理性等，各自賦有不同的機能，追求不同的目標。例如：由本能追求人生的幸福，比由理性去追求，較能得到更多的成功，那就是說，在滿足物質需要上，理性不及天賦本能。

　　事實上，我們經常見到一些有教養的人，愈是企圖以理性致力於生活的享樂和幸福，他們就愈不能得到真正的滿足，結果，有時還會厭惡理論，痛恨理性哩！這些人對那種凡俗之輩，只是順從本能而為，不讓理性去影響他們行為的人，實在感到羨慕，而不是鄙視，但是，這些教養高尚的有理性者，反而有一種觀念深藏在內心裡，他們認為人的生存並非意向著幸福之路，而是另有一較高尚的目的，理性應該用於追求這個較高的人生目的，而不是為了幸福享樂。因此，這個較高尚的目的被認為是最高的條件，至於其他個人的自私目的，算做次要的，大抵必須置諸其後了。

　　理性賦予我們的，是一個對意志有影響作用的實踐機能，更確切地說，理性的真正目的是產生一種意志，此一意志不是為了達成某種目的或當作某些手段而為善，而是意志本身即是善。所以，理性的主要功能是為了去產生一個其自身即是善的意志，這個意志是最高的善，是一切其他善的條件，甚至是追求幸福的條件。既然理性自認善意之建立為其最高的實踐目的，可能要讓性好落空，使其大感失望，因為理性只對自身所決定的目的之達成感到滿足而已。

　　依此，「意志自身即是善」這一概念是值得極端被尊重，也是值得高度地被推崇，這種善意的概念本已存在於一般健

全的自然理解之中，不需要被教育得知，普通人只要清明在躬，即可自悟，它在評估我們行動的價值時，高居首要的地位，而爲其他一切的條件，如果要發揮這個善意的概念，我們先要研究本務（duty）的觀念，本務觀念包含著善意的概念，雖然，本務另含有主觀的限制和障礙，但是，這些限制和阻礙不足以蒙遮善意，反而襯托出它的明亮，使善意更放光彩。

二、論本務

康德認爲吾人的行爲大致上可分爲三類：一是違反本務（duty）；二是合乎本務；三是發自本務。在此，我們省略前二種行爲而不論，但是，有時候要分辨合乎本務或發自本務（from duty）之行爲卻很困難。例如：商人不可對無經驗的外行買主抬高售價，這永遠是個本務。一位聰明的商人做買賣總是童叟無欺，因此，生意興隆，雖然，他誠實地對待顧客，但是，這還不足以使我們確信這商人這樣做是發自本務，由本務誠心而做成，並依誠實的原則而這樣做。其實，他自己私人的利益心要他如此做的，若是如此，這商人誠實地對待顧客的行爲，既不是發自本務，從本務而作成，只是依於自私自利的目的罷了。

第二個例子是，個人維持其生命，乃是一件本務，況且每個人對此也都有直接性好。但是，大多數人爲了養生保健，表現一種過分的顧慮與不安，這種行爲就沒有內在根本的價值，他們的行爲格準（Maxim）亦無道德的意義。因爲，他

們保全他們的生命是按照本務所需要（As duty requires），而不是因爲本務所需要（because duty requires）。相反而言，設想逆境與絕望使某人全無生趣，他寧願死，可是，他仍然意志堅強，精神並不沮喪，對生命繼續保持其生機，最低限度也能維持其生存，這種勇敢的行爲，並不是因爲貪戀生命，不是由於愛好或恐懼，只是出於本務心，從本務而保持之，如是，他的行爲格準就有道德價值。

第三個例子是：盡可能實行仁慈，施惠於人，也是一件本務。有許多人富同情心，他們助人不懷虛榮或自利的動機，只是在別人對其恩惠表現感謝、覺得滿足時，他們就感到愉快喜悅，這種事例，實屬正當，卻無真正的道德價值。因爲這類行爲，或許出於愛慕榮譽的性好，雖符合本務，也值得讚美與鼓勵，但不值得被尊敬。因爲道德的意義在於行爲出於本務心，只從本務而作成，不是出於愛好，非從性好而作。設想某人現有災難，自己憂傷不止，已消失對別人的同情，假定他振奮起來，擺脫煩惱，只因本務而施惠於人，不爲愛好而行仁，這樣的行爲，纔有真正的道德價值。再做一個假設，某人生性堅忍而冷漠，對別人的苦痛不表關心，設想他能爲本務（duty）而行仁，則此人的道德品格極高。

綜合以上三個例子，吾人可以歸結出道德的三大命題，第一命題是：行爲要有道德價值，必須是從本務而行。第二命題是：發自本務的行爲所以有道德價值，並不是因爲它所追求的目的，而是在於決定這個行爲的格準，所以，這種價值不是靠著行爲目的之實現，只是在於行爲發生所依據的立意原則，絕不顧及欲望的任何對象。第三命題則是：本務是

由於尊敬法則而行的必然行動。[1]

　　從三個命題的釋義，吾人得知，只有法則本身，纔足以當做尊敬的對象。[2]因而可以成為一種命令，此時，一個發自本務的行為，必須完全排除性好的影響以及意志的一切對象。如此，能夠決定意志的，除了客觀的法則以及主觀的對這法則的純粹尊敬外，沒有什麼能夠決定意志了，因而，結果形成這格準[3]：我們應該遵守這法則而行，甚至不惜犧牲我的一切性好。

　　這樣說來，一個行為的道德價值，並不在於這行為所期望達成的效果上。換句話說，道德的善惡分辨，非決定於行為結果的好壞。真正道德的善只能存在於法則自身，只要當這法則決定意志，而不是所期望的效果或目的決定意志時，

1　依 Lewis white Beck 所譯《Fundamental Principles of the Metaphysic of Morals》第 17 頁云：1. The first proposition was that to have moral worth an action must be done from duty。2. The second proposition is：That an action done from duty derives its moral worth not from the purpose which is to be attained by it but from the maxim by which it is determined and therefore does not depend on the realization of the object of the action but merely on the principle of volition by which the action has taken place without regard to any object of desire。3. The third proposition：Duty isthe necessity of acting from respect for the lew：此道德三大命題的說明，參閱唐鉞先生譯《道德形上學探本》第 21 頁，牟宗三先生譯註《康德的道德哲學》第 24 頁，謝扶雅先生譯《康德的道德哲學‧第一部份道德形上學根本原理》第 34 頁。根據道德的三大命題，康德意謂：吾人之行為不只是要依照本務而被作成，更須由本務而行。此說恰似孟子所說：「由仁義行，非行仁義也。」(《孟子‧離婁下》)

2　尊敬（respect）是指我的意志服從法則，而不受其他影響我感官的外力之干涉。所以，只有法則是尊敬的對象，例如，我尊敬某一個人，其實，只是尊敬道德法則（如誠實、正直等法則），我所尊敬的這個人，他給我那道德法則的典範。

3　格準是決意的主觀原則，至於客觀原則是實踐的法則。

這個道德的善就已存在此人心中。

但是，何種法則決定意志，纔可以使我們認為這個意志是絕對而無限制的善呢？這個原則是什麼呢？康德以為只有意志的行為與普遍法則相符合，只有這種符合才足以作為決定意志的原則，這個原則意思是說：我一定要這樣去做，這就是使我能夠立意我的行為格準成為一普遍法則，並且依此原則行之。這正是意志應當依據的原則，一般人的正常理性，在實踐行為的判斷中，也完全與這原則相合，並且經常以此為觀點。

例如，假定有這樣一個問題：在我困難中，是否可以對人作一假諾言而又無意遵守呢？這個問題有兩個不同意義的要點，（一）是：作個假諾言是否明智（Prudent）？值不值得？（二）是：作個假諾言是否正當？即是否符合本務？無疑，做假諾言是不明智的，因為這種狡飾欺詐往往會造成往後更嚴重的困境。所以應該想一想，依照普遍格準，養成誠信實踐諾言比存心做假諾言更值得。可是，吾人立刻看出這個格準只是立基於對後果的恐懼。要知道，從本務而生的遵守信用，與那害怕壞結果而遵守承諾，這完全是不同的兩回事。

另外，關於第二個疑問是：做假諾言是否合乎本務？解答這個疑問最簡單而正確的方法就是自問一下：我願不願意這個格準（做假諾言以脫離困境）成為一個普遍的法則？我當下就知道，固然我願意說謊，但我決不能夠立意要說謊成為一個普遍法則，為什麼？因為，如果說謊能夠成為一個普遍法則，則世上將無所謂許諾可言，因為別人不信任我的諾言，我如何許下承諾將來要怎樣做，都是枉然，或者別人也

會很輕率地以假諾言對付我。因此，這個格準如果成了普遍法則，必定要自我毀滅不可。

　　所以，要使意志在道德上成為善的意志，該如何去做呢？其實很簡單，只須自問一下：「我能立意我的格準成為一普遍法則嗎？」如不能，則此格準就必須廢除，這並不是因為它對我或別人有什麼不利，只是因為它不能作一原則而列於普通立法之中，而對那種立法，理性強制我無條件地尊敬之，這種對於實踐法則的尊敬而產生的必然行動，即構成本務，對於這種本務，其他一切動機皆須退讓一步，因為，一個自身就是善的意志，正是以本務為條件，而這一善意的價值是高於一切的。

　　從上所論之善意、理性、本務（duty）三者及其諸事例的內涵中，我們尚未離開普通人類的理性知識，即可得到道德的原理。事實上，一般人在日常生活裡，總是心念著道德的原則，並以此為判決的標準，在每一發生的事件上，大抵都能辨別出好壞，或是否符合於本務；因此，我們用不著憑借科學與哲學的教導，早就知悉我們應當做什麼！要怎麼做？縱算是誠實和善良，其實，我們可以預知，每一個人應該做什麼？所不得不去做的是什麼？因而，應該知道什麼？這種知識是普通人所能具有的。

　　因此，在實踐方面，任何人只要把一切出於感官的動機以及一切感性衝動排除，他的判斷力立即顯出極大的優勝。但是，一般人又覺得他自己有許多的欲望和性好，這些需要的完全滿足就是所謂的幸福，同時在人心中，尚有許多由理性所指示的一切值得尊敬的本務之命令，因而形成理性與欲

望、本務與性好的強烈敵對，雙方永遠抗爭。理性只顧發出命令，不給性好任何滿足，可是，性好的要求卻如此強烈，不肯順從理性所發的命令。

因此，產生一種自然的辯證（dialectic），就是發生一種傾向，使人抵制這些嚴厲的本務之法則，懷疑它的有效性、純潔性和嚴正性。而且假如可能的話，把本務壓服於我們的願望與性好之下，那就是說，從根本上腐敗它們，毀掉本務的價值，甚至使得普通的實踐理性也無法稱其爲善了。由於這樣，人的普通理性不得不走出它的範疇，進入一實踐哲學的領域，這種躍進並非爲了滿足思辯的需要，而只是爲了實踐的根據，好排除凡由欲望和性好所產生的格準，並想去得到關於這種理性原則之來源的說明，並把這原則規定得正確，這樣才可以免除欲望和性好的紛擾，避免喪失一切真正道德原則的危機。申言之，爲了避免一切真正道德的淪喪，對於我們的理性須作一徹底的批判。

雖然，我們在日常生活中，可以由實踐理性的通常應用內求得本務的概念，但是，我們決不可誤認本務爲經驗的概念。相反地，我們經常聽到有人訴怨說，在這世上根本找不到一個純粹發自本務（from duty）的事例。因此，有些哲學家認爲人類行爲都是出於自私心。事實上，要想從經驗內找到一個行爲的格準只以本務爲根據的道德實例，是很困難的，因爲，我們行爲的目標大抵是爲了自我的私利和性好的滿足，並不是爲了本務。

所以，我們應該堅信，即使世上沒有真正純粹發自本務的行爲，理性依然不根據經驗，獨自規定那應當發生的行爲，

且發出不可違逆的命令，叫我們力行這些行為。例如：在這個世界上，或許始終沒有一位完全誠實的摯友，但是，每一個人交朋友想要得到純粹的真誠友誼之願望，並未減少一分。因為誠實交友的格準，已經包含在本務的觀念之中，而且，這種本務已先乎一切經驗，存在於理性的觀念裡。

因此，我們無法從經驗上的範例，推論出道德法則，那是真正道德的致命傷，因為範例只可使用於偶然情形的獎勵，而道德法則必定普遍適用於一切有理性者的任何情況。因此，真正道德的最高原理，只能基於純粹理性，而不依據任何經驗。為了更進一步詳盡深論道德哲學，我們必須首先區別通俗的實用哲學，即純粹的實踐哲學以及脫離經驗事例之道德的形上學之不同，這種道德的形上學不可從經驗的人性知識中去尋找。

因此，道德的形上學即完全獨立起來，不與任何人類學、神學、物理學等相混雜，因為純粹的本務及道德法則，它們從來不與任何基於經驗的欲望與性好相雜的，只憑理性就能夠對人心發生強烈的影響，理性因此知道自己也能夠成為實踐者。此即是說，一切道德的概念，都起源於理性，皆完全先驗地在理性中有其根據，這種概念不能由任何經驗的知識抽象而成，正因為它們的根源如此純粹，纔堪配做我們最高的實踐原則。

為了把握道德的純粹性，我們不得不把道德學當做純粹哲學，那就是當做自成體系的形而上學。如果沒有這一門學問，不僅在理論思辨上，無法考察本務的道德成份，並且在實踐上，也不能找到真正純粹的原則，更無法實施道德教育，

那就不可能啓發人類的善端，期於涵養純粹的道德情性，以增進世界最大可能的善了。

三、論假然律令與定然律令

康德以爲自然界的萬物皆依照一定的法則而生存、活動，惟獨有理性者（人）具有意志的機能，能夠依照各種原則而行動。因爲，從原則推演出行動，這需要理性的推演。所以，意志即不外是實踐的理性。如果理性絕對確實地決定意志，則這個有理性者的行動，如在客觀上被認爲是必然的，在主觀上也是必然的。此即是說，意志是這樣一種機能，其功用在於僅僅選擇那理性獨立不依於性好而認爲在實踐上必然善者。

但是，如果理性不能完全決定意志，假定意志受制於主觀的特殊衝動，不能完全依照理性而行，（其實，世人現實生活上大都如此），則那些在客觀上被認爲是必然的行爲，在主觀上變成爲偶然的行爲，或許會或許不會發生。因此，這種意志受客觀法則所決定，就是所謂強制（obligation），即意志受理性的客觀原則所決定，但是，就意志的本性而言，並非真正願意服從這些法則。

一個意志必須遵從客觀原則的強制性，就稱爲「理性的命令」，而此命令的公式叫做律令（Imperative）[4]，一切律

---

4 Imperative 一詞，中文有幾種翻譯，唐鉞先生譯《道德形上學探本》第 41 頁稱「令式」，謝扶雅先生譯《道德形上學根本原理》第 48 頁稱「訓條」，牟宗三先生譯注《道德底形上學之基本原則》第 43 頁稱「律令」。

令都用「應當」（Ought）這個字來表示。所以，所謂律令，只是一種公式，它表示客觀法則對於一切有理性者的意志之關係。所有一切律令，分為兩類，一為假然的或稱有待的（Hypothetical），另一為定然的或稱無待的（Categorical）。

　　一個假然律令是假設某條件於先，而後再服從之的本務者，即假如要達到某個目的，一定要做某事。例如：「你想要身體健康，必須早起」，此以健康為目的，故是有待的。另一是定然律令（Categorical imperative），又稱「直言命令」或說「無上命法」，或叫「無待令式」，它是說一件行為是客觀必須要力行的，其必然性非為達到其他目的，它自身就是必須實行的。

　　所以，一切律令都是公式，如果行為之所以善，只因為它是當作得到某種別的東西之手段，則這律令就是假然的。假設某件行為是被認為自身即是善的，且因其自身本就合乎理性的意志所必然有的原則，那麼，這條律令便是定然的。

　　換言之，假然律令只表示某一行為之所以為善，是對於某種可能的或實現的目的，假如目的只是可能的，那律令就是可疑的、不確實的或然性的實踐原則；假如目的是真有的，那律令就是肯定的、真實的、實然性的實踐原則。至於那個除了自身即是目的，並無其他目的之行為，是客觀地必然的，絕對無條件的，沒有任何意圖的定然律令，亦是有效的、自明的必然性的實踐原則。

　　凡是有理性者能做到的任何事情，不論什麼，皆可以認為是意志的一個可能的目的。因此，那些為了達成目的之手段，亦那行為的原則，是無限眾多的，一切科學都有實用（或

實踐）的部份，包括著表示我們有可能的某種目的，以及指示這個目的如何可被達成的律令，這些律令都可以稱為「技巧（skill）的律令」，這種技巧的律令是不涉及目的是否合理及是否為善的問題，所關切的只是為了達到這個目的，必須要做什麼。

例如，「醫生替人治病，使病人回復健康」，和「下毒致人於死」這兩種技巧的律令，從它圓滿達成其目的而言，是具有同等價值和意義。又如普天下的父母們為了其子女將來面對諸多挑戰，所以，總讓子女受教育，學習許多技巧，這種過分的關心和顧慮，往往使他們忽略了應該去訓練子女，使子女們對於所選擇目的之價值，有正確的判斷。

另外，有一件事值得我們注意，它是一切有理性者因其自然本性的需要，必然把它當做目的，這就是幸福（happiness）。為了增進幸福，必須作某事，這樣的假然律令，就是實然性的假然律令，因為幸福是我們不待經驗而能確知人人必定追求的目的，為了得到一己的最大幸福，個人善於選擇方法，利用各種手段達其福利者，從狹義而言，謂之「精審」（Prudence）[5]。如此，只是關於選擇手段可以得到個人幸福的律令，仍然是假然的，這種精審的格準一定是有待的，因為它不是絕對地命令人去行動，不過以此行為求

---

5 Prudence 譯為「精審」，意指計劃與行動的謹慎明智，強調指導自己的行為和自己的事情的常識，考慮自己的行動及其結果，通常含有小心、警覺和節儉的意義。此處所用精審一詞，含有兩種意義，一種對人情世故的通達熟練，另一意義是指關於個人自己的明哲審慮。前者是一個人的能力手腕，善於利用別人以達到自己的目的，後者是指為了得到一己的永久利益，善於結合一切目的之智慮。

其目的而已。

　　除了技巧和精審的律令外，還有一種律令，它是直接命令某種行爲，而無任何目的，也不具條件，這種律令就是絕對無前提的、無待的「定然律令」，它不關涉行爲的內容與結果，只注意行爲本身的形式和原則。假如行爲自身本質上是善者，不論結果如何，這行爲根本上是善的，這種律令可稱爲道德（Morality）的律令。

　　以上三種（技巧、精審、道德）實踐原則因依意志的受強制之不同作用而有差別，要想更清楚地說明其異趣，我們可以依序名爲（一）技巧的規則（rules of skill）（二）精審的勸告（Counsels of prudence）（三）道德的命令或法則（Commands of morality or Laws of Morality）。我們也可以稱第一種律令爲「專門技術的律令」（technical 屬於技藝範圍），稱第二種爲「實用的律令」（Pragmatic 屬於福利範圍），稱第三種爲「道德的律令」（Moral 屬於道德的，一般說的自由行爲。）[6]。

　　雖然我們簡單述說了三種律令，但是，仍有問題尚未解決，這個問題就是：這些律令如何可能？每個律令如何能對意志有強制力？對於技巧的律令如何可能，是比較容易說明的，因爲凡決意於某種目的的人，亦必決意於他力量所能達此目的所不可缺少地必要的手段。就決意作用而言，這個命題（Proposition）是分析的（Analytic），因爲在意欲某一對象作爲我的結果中，我早已想到使用手段，並以爲自己是這

---

6 參閱唐鉞譯《道德形上學探本》第 47 頁，謝扶雅譯《道德形上學根本原理》第 52 頁，牟宗三譯註《道德底形上學之基本原則》第 49 頁。

個結果的主因。換句話說，如果我完全意欲一項工事的運作，我必意欲對這種運作為必要的行動，這種說法便是一個分析命題。

　　至於精審律令所求的幸福概念，比較模糊而不確定，雖然人人想要幸福，但是，卻不能確定自己實在想要的究竟是什麼，這個理由是因為所有一切幸福觀念的成份都是經驗的。這就是說，那些成份一定要由經驗取得的，同時，幸福是包括個人現在和將來最大福利的總量。所以，就是極聰明的人，對於他自己所要的幸福有明確的觀念，也是不可能的。他想要財富嗎？他應該知道財富可能帶給他多少的憂慮、嫉妒等等。

　　他要知識和明智嗎？或許有了這種知見，使他徒具犀銳的眼光，洞燭災禍而自覺無可逃於天地之間，更感無奈而已。他想要長壽嗎？誰能擔保他不會因高齡有病而長期受苦？這些例證可以推論出，凡人不能依據任何原則確定什麼東西可使他真正得到幸福，除非他無所不知纔行。因此，我們不能根據任何確定的原則，以求取幸福，而只能依據經驗的勸告，譬如：衛生保健、飲食節制、運動、節儉、禮貌、謙虛、謹言、慎行等等忠告，都是經驗所顯示的，一般說來，它們算是最能增進幸福的。

　　因此，精審的律令，嚴格說來，並不是命令，它們只是理性的勸告。所以，沒有一種律令可以命令我們求得幸福，因為，幸福不是理性的理想，只是想像的理想，根據經驗而來，只要求取幸福的手段可以確定知悉，精審的律令就是一個分析的命題。精審的律令和技巧的律令只有一點不同，在前者，目的是實有的，已定的；在後者，目的只是可能的，但

是，兩者皆指求達目的之手段，所以，兩者都是分析的命題。

在另一方面，道德的律令如何可能？纔是唯一需要解決的，因為我們不能引用任何範例，即不能從經驗證明有這樣一種律令，而且還要特別小心，恐怕那些表面看似無待的定然律令，骨子裡實際上仍是有待的假然律令。例如：「你不應該作假諾言許人」，因為說謊、欺騙、作假諾言，這一種行為本身就是惡的，惟有這種無待的定然律令，始有當作實踐法則的資格。

如果不作假諾言，是因為害怕萬一被人揭穿，讓人知道，必定毀掉個人的信譽，使自己不能立足於社會，這種恐懼惡果，害怕不名譽等其他動機或目的的存在原因，都只是實用的告誡，僅指引我們考慮自己的利益，並非真正的道德律令。因為凡是自求達到某種隨意選定的目的而有的行為，都被認為只是偶然的，只要我們一旦放棄這個目的，我們就可以隨時擺脫其拘束。反之，無條件的命令絕不許意志隨便選擇其他的自由行為，因此，只有它才取得了法則所需具有的必然性。

當我想到一個假然律令的時候，要等到適用這個律令的條件出現，我才知道它包含什麼內容，但是，當我想到一個定然律令時，就立刻知道這個律令的內涵，因為這個律令所含有的，除了法則外，只有「格準必應符合於法則」這種必然性，但是，法則並不含有限制的條件。易言之，絕無條件可以限制法則，所以，這剩下的結果就是：行為的格準必應符合於普遍法則。因此，這個世界上只有一個定然律令，那就是說：「你只依那種格準而行動，由此，你能同時立意這

格準成爲普遍法則。」[7]。

因爲支配萬象的法則是普遍有效的，這種法則之普遍有效性，在形式上即構成廣義的所謂自然。易言之，自然就是指其存在受普遍法則支配的事物。因此，普遍的本務律令又可表示說：「你要如此行動，好像你的行爲格準將可依據你的意志，變成普遍的自然法則。」[8]

茲舉數例說明如下：

（一）假設某人因連續遭遇惡運而致絕望厭世，只是尚未失去理性，尚能自問：「自殺是否不違反於對自己的本務？」要解答這個問題，他必須深究他的行爲格準能否成爲普遍的自然法則？他的格準是：「當生命延續下去，只有帶來更多的痛苦的時候，以自私的愛己而言，我就以自殺結束生命。」，這種基於自我愛惜的原則能否成爲一個普遍的自然法則？我

7　依 Lewis White Beck 英譯《道德形上學的根本原理》第 38 頁云：Act only on that maxim whereby thou canst at the same time will that it should become a universal law。唐鉞先生《道德形上學探本》第 53 頁譯爲：「只照你能夠立志要它成爲普遍定律的那個格準行爲。」，牟宗三先生《道德底形上學之基本原則》第 54 頁譯成：「你應當只依那種格準，即由之你能同時意願『它必應成爲一普遍法則』這樣的格準而行動。」謝扶雅先生《道德形上學根本原理》第 56 頁譯爲：「你應當只依照這格準而行動，就是那爲你自己所能遵奉而同時亦應能成爲人人共守的普遍法則。」

8　依 Lewis White Beck 英譯《道德形上學的根本原理》第 38 頁云：Act as if the maxim of thy action were to become by thy will a Universal Law of Nature。唐鉞《道德形上學探本》第 54 頁譯爲：「照以爲你行爲的格準由你的意志弄成了普遍的自然律那個樣子去行爲。」謝扶雅《道德形上學根本原理》第 57 頁譯成：「你應該這樣行動，好像你行動底格準可能由你的意志而變成普遍的天然法則。」牟宗三《道德底形上學之基本原則》第 55 頁譯成：「你應該這樣行動，即行動得好似你的行動之格準，依你的意志，真要成爲一普遍的自然之法則。」

們馬上看出，在自然界裡，若有一種特殊情形，爲了要改進生活而毀滅生命，是自然法則之一，則此自然法則定會發生內部的自相衝突，整個自然系統必是自相矛盾而不能存在。所以，那個爲自愛而自盡的格準不能成爲普遍的自然法則，這個格準完全違背一切本務的最高原則。

（二）假設有一個人因窮困急需向人借錢，他雖明知將來無力償還，卻做假諾言，堅決答應如期還債，如果他真的這樣做，則其行爲的格準是：「當我急需用錢時，將向人舉債，並答應如期償還，雖然明知自己無力歸還。」這個自私的原則或許可以和我的整個福利相符合，問題在於，這種行爲是否正當？此一行爲的格準能否成爲一普遍法則？我必立刻看出這個格準不能作爲普遍的自然法則，否則它必然會自相矛盾。因爲假設人人在窮困時，可以隨便作假諾言，又存心騙人，無意遵守，那麼，諾言本身以及諾言所含的目的都是不可能的，因爲再也無人相信承諾之事了。

（三）假設有一個人，知道自己很有天賦材能，如得相當教養，可以使他成大器，但他環境優裕，甘心自耽於逸樂，而不願勤勞努力去發展其潛力。他自問：「這種放棄良好天賦材能的格準，除了合乎性好於縱情享樂外，是否也與所謂的本務相符合？」他馬上知道，雖然一個格準可以致力於懶惰及享樂，但是，他絕對不能夠立意此格準成爲一個普遍的自然法則。所以，作爲一個有理性的人，他必然願意他的材能充分發展，因爲這些材能是自然賦予他，以達成一切可能的目的。

（四）假定有一個人，家境富有，但是，沒有愛心及同

情心，看見別人急難窮困，也不願意幫助他們。他想：「別人的事與我無關，我也不願意出錢出力去濟助他人。」這種格準如果成為普遍法則，人類或許仍然可以生存，可是，要想這種原則像自然法則具有普遍有效是不可能的，這樣立願的意志一定要自相矛盾。因為一個人一生會遇上諸多困難，往往需要別人的關愛和同情，此時，如果有這麼一個出於他自己意志的自然法則，表示對人不予關愛和同情，他就不能得到什麼幫助了。

　　上文所舉的四個例子，都是許多實際本務中的幾項而已，這些事例皆從一個原則推演而來，這個原則就是：我們一定能夠立下志願，使我們行為的格準成為普遍法則，這也是一般評鑑道德行為的標準。

四、論目的與目的王國

　　意志被認為是一種決定機能，能夠決定自己依照某種法則的觀念去行動。這一種機能只見於有理性者，那個作為意志的自我決定之客觀根據者，就是目的（End）。如果這個目的純粹出於理性，單純為理性所指定及支配，它必定對一切有理性者皆有效。相反，如果以行為的結果為其目的之可能根據，那就叫做手段（Means）。

　　凡是一個有理性者隨意提出作為他行動要達到的那些目的，都只是相對的、實質的（Material）目的，這種相對的、實質的目的只能引出假然的律令，它們不能提供實踐的法則。但是，假設有某種事物，其存在自身就具有絕對的價值，

由於自己就是目的，所以能夠當做一些確定法則的根源，則惟有在此一種事物裡，存有一個可能的定然律令（亦即是一個實踐法則）的根源。

　　所以，我們可以說，人以及一切有理性者的存在，其存在自身即是目的，而並非只是隨便當作這個意志或那個意志所使用的工具，無論人類的行為是針對自己或關乎他人，總須被認為是一個目的。至於性好的一切對象，都只是一種有條件的、相對的價值，因為如果這些性好及其欲求或需要不存在時，則它們所取為目的之對象就無價值可言，性好和欲求沒有絕對的價值，也不值得去求取，況且，每一有理性者皆希望能夠完全擺脫這些性好的操縱。

　　因此，凡是我們的行為所欲求得到的任何對象，其價值總是有條件的、相對的存有。這樣的存有，就是不依靠我們的意志，而依存於自然的東西，如果它們不是理性的存有，便只有作為工具的相對價值，因而，我們稱它為「物」（Things）。相反而言，我們把有理性者稱為「人」（Persons），因為他們的本性把他們表象為一個目的在其自身。

　　這意思是說，他的存在就是目的，不被當做工具，而且也是應受尊敬的對象。進一步說，人的存在不僅有主觀的目的，也具有客觀的目的。此即是說，其存在自身即是目的，這樣一個目的是一個沒有其他只作為工具之目的能夠取代的，否則，人世間就無一具有絕對價值而沒有條件的東西了。如果一切價值都是有條件的及相對的，亦即是偶然的，那就沒有一個所謂理性的最高實踐原則了。

　　設想有一個理性的最高實踐原則，或是支配人類意志的

定然律令，則此原則必然是由那因其自身是目的，故對每一個人亦爲一目的之觀念引申出來。所以，它可成爲意志的一個客觀原則，亦可當作一個普遍的實踐原則。這個原則的根本基礎在於：理性的世界是以其自身爲目的而存在。每個人必然認爲他自己的存在是一目的，這是人類行爲的一個主觀原則。

同時，其他一切有理性者也同樣認爲他們的存在爲目的在其自身，大家所根據的原則相同。所以，這個原則也是人類行爲的一個客觀原則，從這個客觀原則作爲一個最高的實踐原則，意志的一切其他法則一定可以由它推演出來。依此，我們的實踐律令應如下表之：「你應該如此行動，即在每一任何情況下，無論是自己或其他別人，你要把人當作目的看待，同時，決不把人僅只當作工具。」[9]

人及一切有理性者，其自身即是一目的（這是每一個人行動自由最高的限制條件），這個原則不是由經驗而來，因爲這個原則是有普遍性的，可以應用於一切有理性者；又因爲這個原則並非把人僅當作主觀目的，而認爲人的人格乃具有一個客觀性的目的（這個客觀目的當作一種法則，構成一

---

9 依 Lewis White Beck 英譯《道德形上學的根本原理》第 46 頁云：So act as to treat humanity, whether in thine own person or in that of any other, in every case asan end withal, never as means only。唐鉞《道德形上學探本》第 66 頁譯爲：「你須要這樣行爲，做到無論是你自己或別的什麼人，你始終把人當目的，總不把他只當作工具。」謝扶雅《道德形上學根本原理》第 65 頁譯成：「無論在你自身或在任何別個，總得把人生當作一個目的看待，勿僅當作工具。」牟宗三《道德底形上學之基本原則》第 66 頁譯爲：「你應當這樣行動，即在每一情形中，你總得把『人之爲人』之人，不管是你自己人格中的人之爲人抑或是任何別人人格中的人之爲人之人，當作一目的來看待，決不可只當作一工具來看待。」

切我們主觀目的的最高限制條件），因為以上兩個原因（普遍性及客觀性），所以，這個原則（一切理性存有者自身即是目的）必定出於純粹理性。

事實上，所有實踐立法的客觀原則，是根據於規則以及使規則成為自然法則的普遍性，但是，主觀原則卻存在於目的，依照第二個原因：一切有理性者自身即是目的，所以，每一個有理性者都是一切目的的主體。因此，遂引申出意志的第三個實踐原則，這個原則就是：「每一個有理性者的意志，皆為一普遍立法的意志。」此一原則也是使意志與普遍的實踐理性相和諧的終極條件。

根據這個原則，一切與意志本身即是普遍立法者不相符合的行為格準皆須退除。如此，意志不僅是受法則的支配，不只單純地服從於法則，而是被認為意志本身即是其服從之法則的制定者。這種自己頒佈法則而自己服從的原則，叫做意志自律（Autonomy）的原則；即是說，每一有理性者的意志，是成立普遍法則的意志，這種自身即是最高立法者的意志，是不能依於任何興趣或利益上的，（基於性好、興趣、或利害關係者謂之他律（heteronomy）。所以，意志自律原則成為道德的最高原理。

每一個有理性者，必定自認為在他意志的一切格準中頒定普遍法則，並依此觀點來評判他自己和他的一切行為。由這一個概念引生出另一觀念，這個觀念就是「目的王國」（kingdom of ends）。

所謂「目的王國」意指每一個有理性者因共同法則的關係，結合成一個和諧的大系統。因為目的的普遍性，皆由法

則所決定，所以，假設我們把有理性者的個別差異及私人目的的內容都抽掉，則我們就可以想像出一切目的結合在一個有系統的全體之中，這一有系統的全體，包括自身即是目的之有理性者及其個別的特殊目的。

在目的王國裡，一個有理性者制定普遍法則，同時，自己也服從這些法則時，他就成了目的王國的成員（Member）。假設一個有理性者頒佈法則，自己卻不受任何其他有理性者的意志的支配，他就是這王國裡具有至高無上主權的元首（Sovereign）。當然，這個目的王國只是一個理想，其可能性，是由於意志的自由。

依此，意志自己立法必能存在於每一有理性者之中，所以，意志的原則就是：「永遠不要依照任何不能成為普遍法則的主觀格準去行為」，那就是說，行為應該要做到使意志能同時認為自己的格準能夠頒作普遍法則。如果有理性者的格準不能自然符合這個客觀的意志原則，卻不得不遵照這個原則去行動，就叫做實踐上的必要強制，即是所謂「本務」。在目的王國裡，每一事物，不是有價值（Value），就是有尊嚴（dignity）。凡是有價值的，都可以用別種同等價值的東西所代替，但是，高於一切價值，沒有等值的東西或代替者，就是有尊嚴。

凡是涉及一般的性好和人類的欲求需要的東西，都有一種「市場價值」（Market Value），另一種東西只是滿足我們在娛樂上的某些情緒者，就有「情好價值」（Fancy Value）。但是，任何東西，凡能具有自身即是目的之惟一條件者，即有一內在固有的根本價值，這就是尊嚴。而今，一個有理性

者能夠成爲一自身即是目的之條件者，就是道德，只有在道德這個條件下，一個有理性者纔有可能在目的王國裡成爲一位立法份子。因此，只有道德和具有道德人格的人，才獨具尊嚴，這種尊嚴超乎一切價值之上。

　　由於有理性者自身即是目的，因此之故，他在目的王國裡始終是個立法者，且不受任何自然法則的支配，只有服從自己所定立的法則，除了這些法則決定價值外，沒有其他東西有任何價值，因而，立法本身就有尊嚴，即是有一無條件的最高價值。依此說來，自律才是人類以及每一有理性者所以擁有尊嚴的基礎。易言之，人的尊嚴，就在於他有能力去制定普遍法則且自己也服從其所立的法則。

五、論意志自律與他律

　　意志的自律，意指意志對於自己就是法則[10]，完全與決意的任何對象無關。依此，自律的原則便是：「意志的抉擇，總要使我們所選的格準，可以作爲一個普遍法則」。這種自律的原則是道德的唯一原則，因爲，所謂道德，就是行爲對於意志自律的一種關係，也就是行爲對於意志之格準所可能做到普遍立法的關係。

　　一個符合意志自律的行爲，是被許可的道德行爲，一個不與意志自律相一致的行爲，是被禁止的不道德行爲。凡使格準必然地與自律原則相符合的意志，就是一個神聖的意

10　依牟宗三先生譯注《康德道德底形上學之基本原則》第 85 頁：意志自律的特性恰如宋明陸、王所謂「心即理」。

志，也是一個絕對善的意志。反之，一個不是絕對善的意志，依據自律原則所做的道德強制，便是「責任的負擔」（Obligation），從責任的負擔而來的行為所具有的客觀必然性，叫做本務（duty）。

假設意志越出自己所訂的法則範圍之外，到其他別處或任何對象的特殊中尋找法則，則其結果便成「意志的他律」（heteronomy）。意志他律就是意志不為自己立法，不給自己法則，這法則乃是與意志有關的對象所給的，這種意志與對象的關係，無論是基於性好或根據理性的概念，總是產生「假然的律令」，例如：如果說謊會喪失我的信譽，為了要保全我的信用和名譽，我就不應該說謊。這是基於意志他律做成的假然律令；相反而言，我不應該說謊，縱然說謊絲毫不會使我喪失信用和名譽，這是基於道德的定然律令。

所以，定然律令必須從一切對象中抽出，使對象絲毫不影響意志，以便實踐理性（即意志）不必去處理那些不屬於自己範圍的興趣或利益問題，而只表現出自己作為最高立法者，能有發佈命令的權威。例如：我應當努力增進別人的幸福，這並非別人幸福的實現與我有何關係，而只是因為我不能立意將不增進別人幸福的格準當成一個普遍法則。

意志基於他律概念的一切原則，或是經驗的，或是純理論的（rational）。從經驗而來的學理，是由幸福原則引生出來，建基於道德情感或自然情感之上。從純理論而來的學說，由完全圓滿（Perfection）的原則引生出來，建基於理性的圓滿或上帝意志兩種觀念之上。

所有經驗的原則完全不能作為道德法則的基礎，因為如

果道德法則來自經驗界個人所處的偶然環境中，則這些道德法則就喪失它們適用於一切有理性者的普遍有效性及無條件的實踐必然性。其中，以私人幸福的原則是最可議和最可以反對的，因為私人幸福的原則對道德之建立毫無貢獻，其理由是因為成為有幸福之人與有道德之人是兩回事，使人精審而自圖私利與良善品行之君子，也是完全相反的兩件事。這個私人幸福原則的最大壞處，在於它所供予道德的動力，暗中破壞了道德的莊嚴性，因為這些個人幸福的動力只教會我們精於計算，能作較有利的選擇罷了，而把善德與惡行之間的差異完全掃平。

另一方面，又有人認為人有辨別道德的特別感覺，即是道德感（Moral sense），那些沒有思考能力的人相信對於普遍法則之事，那種道德情感有助於他們。其實，訴諸這種道德情感實在非常膚淺，而且在程度上，道德情感有無數的差別，對善與惡不能提供一個統一的標準。何況，任何人也不能憑藉個人的道德情感去判斷他人的行為。

至於意志他律之純理論的部份，形上學本體論的圓滿學說，比由上帝意志引申出來的道德神學較為好些，雖然圓滿的概念是空虛而不確定的，無法去說明真正的道德，而對於上帝的圓滿，我們並無直覺，只能從我們道德的概念中推演出來，因此，這種解說只是循環論證。

依此，根據圓滿觀念的這兩個學說（理性圓滿與上帝意志）都不能當做道德的基礎，至於其他的學說也都無法建立意志自律的理論，一切這些學說所奠定的道德基礎，都只是意志的他律。

所以，只有意志自律纔是道德的基礎，而所謂自律就是說每一個善的意志的格準，都能使自己成為一個普遍法則，這法則是一切有理性者的意志所自置其身的唯一法則，而不須假借任何動機、衝動或興趣，如此，纔能成為一個絕對善的意志，以及成就一個定然律令。

六、論自由

康德以為意志是有理性者的一種行為原因（Causality）（即發生效果的作用），自由就是這種原因作用的特性，使意志不依靠任何外來的原因來決定它的行動。不過，這種解說只是自由的消極意義，然而，它可引申出一個積極的涵義。因為原因的概念潛含「由法則規定」這個概念，依照這個概念，某種原因產生某種結果。因此，自由雖然不是依於自然界物理法則的意志特性，但是，不能說自由沒有法則，事實上，它仍必須依照某一特定的法則而活動，否則，自由意志將變成一個荒謬妄誕的概念。

但是，意志不同於自然界的萬事萬物，不能由外因產生結果。所以，所謂意志自由，除了自律之外，即除了意志對其自己即是一法則之特性外，就沒有什麼內涵了。這個意志自律的內涵所代表的原則，就是只有依照可以使自己成為普遍法則的格準去行動，這個原則正是定然律令的公式，也是道德的原則。所以，一個自由的意志和一個服從道德法則的意志只是同一個意志，依此之故，自由的概念纔是說明意志自律的關鍵。

　　進而言之，如果我們沒有充分的理由根據，說明一切有理性者的意志都是自由的，則我們必不能闡述我們自己意志的自由。只因為我們是有理性者，道德對我們纔可充作一法則，所以，道德必定對一切有理性者皆有效。又由於道德只能從自由的特性推演出來，因此，我們也必須證明自由是一切有理性者的一種特性。要從人性的各種經驗來證明自由，這是絕對不可能的，因為自由只能先驗地被設定。然而，我們必須證明一切有理性者的意志活動是自由的。

　　所以說，每一個人除非在自由這個觀念下能夠行為活動外，不能有其他的行動。換句話說，沒有自由，即無行為活動。正因為這個原因，就人的行為之實踐觀點而言，他纔真正算是自由。因此，我們敢肯定地宣稱，我們必須承認一切具有意志的有理性者，都有自由的觀念，而且完全在這個自由的觀念下活動。易言之，惟獨在有理性者依自由這個觀念活動時，他纔具有自主的意志，獨立不依外力的衝動而能自我立法。

　　因此，就實踐的觀點而言，必須承認一切有理性者都有自由的觀念。所以，自由必須被假定為一切有理性者的意志之特性。終於，我們把道德的概念歸屬於自由這個觀念。但是，我們依然不能證明自由是人性所有，我們只肯定地說，如果不先假定自由的存在，我們就不能自認擁有理性和具有意志。這就是說，自由是一個純粹的概念，不能由經驗呈現給我們，也不能被理解。由於假定自由的結果，我們又得知一個行為法則，這個法則表示如下：行為的主觀原則（即格準）被認為可以當做客觀的、普遍有效的原則，亦能充任普

遍法則，用以裁定我們自己的意志。

　　為什麼一個有理性者必要遵守這個原則？為什麼一定要如此作呢？這是因為：只需理性不受任何感性衝動的阻礙，能夠真正完全決定行為的話，則這個「我應當如此」實在就等於是「我必願要如此」。這個「我必願要如此」是對一切有理性者都有效的，可是，一切有理性者除了理性之外，還受感性的影響，因此，有種種其他動機的存在。所以，純粹由理性決定的事情就不一定會做成，結果，那客觀的必然性只被表示為「應當」而已。[11]

　　從以上的論述，我們得知，自由的概念與自律的觀念是不可分的，而自律的概念又與道德的普遍原則連結在一起。這個普遍原則，從理想上說，是一切有理性者行為活動的基礎，如果行為立基於道德理想中的法則，人即屬於睿智界，但人又屬於感覺界的一份子，受他律的支配。換句話說，當我們自認自己是自由者，我們即成為睿智界的一份子，因而認知意志自律及其結果（即道德）。另一方面，如果我們認為自己是受強制者，即意志受制於道德法則時，則我們自認屬於感覺界，同時也屬於睿智界。[12]

　　由於自由觀念的假定，引導我們尋求解決一個定然律令（先驗綜合命題）如何可能的問題。因為自由的觀念使我成

---

11 人除了有理性之外，還受感性的影響，因此，有種種動機的存在，所以，純粹由理性決定的事情就不一定會實現。康德此說恰如宋明儒（王陽明）天理人欲之說。純依理性而行，即存天理，致良知；若依感性而動，受私慾動機影響，則人欲橫流矣。

12 康德此說與宋明儒相似，當我們依意志自律而行時，即純依天理而無一毫私欲之良知朗現，此皆是自由的睿智界。

爲睿智界的一份子，如果我僅屬於睿智界，以理性行事，不受感官影響，則我的一切行爲「必願」（Would）始終符合意志的自律，亦表示爲：「我應該」即是「我一定會」。此時，就意志來說，正是一個絕對完全善的意志，對絕對完全善的意志而言，其道德原則當是分析命題，因爲「應當」即是「必願」。

但是，如果我只屬於感覺界的一份子，也無道德之「應當」可言，正因爲吾人同時屬於睿智界和感覺界，因此，我的行爲「應當」合乎意志的自律。然而，這個定然的「應當」即涵有一個先驗綜合命題，因爲在我的被感性欲望所影響的意志之上，又加上純粹而且自決的自由意志這個觀念。此一自由意志因依於理性而成爲受感性所影響的意志之最高條件。依此，定然律令（先驗綜合命題）才有可能。

第二節　實踐理性批判

前言：論理性的實踐

《實踐理性批判》（Critique of Practical Reason）是康德三大批判之一，也是西洋道德哲學史上的名著，這本書的主要目的是爲了彰顯有一純粹的實踐理性，並規定其本身可能的原則、範圍及限制，而不涉及人生經驗問題。爲此目的，他縝密的檢查理性的全部實踐機能，因爲，如果純粹理性確實是實踐的，則它在行動中將可展示自己及其概念的真實

性，而那些意圖證明其不可能性的紛爭將屬無效。

隨著純粹的實踐理性機能之被確定，自由的先驗真實性亦被證實。只要自由概念的真實性被實踐理性的一個必然的法則證明時，則自由即是全部純粹理性之思想體系的重點，其他如上帝及不朽的概念，即附屬於這自由的概念之上，而得到其穩定性與客觀的真實性。這就是說，上帝及不朽的概念之可能性，因有自由這個事實而被證明（雖然我們不能思辨的理解上帝及不朽之概念，但是，在實踐的觀點上，它們存在的可能性必須被確定。）因為自由這個理念是被道德法則所揭露，所以說，自由的概念是所有經驗主義者的障礙物（絆腳石），但是，對批判的道德學家而言，自由乃為最崇高的實踐原則的線索。

理性之理論的（知解的）使用，僅與認知機能的對象有關，因此，完全不同於理性之實踐的使用。在理性之實踐的使用上，理性與意志的決定基礎有關，而所謂意志是一種機能，或是產生相應思考的對象，或是決定我們自己去實現這樣的對象之一種機能。

現在，如果我們能找出辦法，來證明自由事實上是屬於人類的意志，則不僅可以證明純粹理性能是實踐的，且表示了純粹理性是無條件地能實踐的，而非經驗地限制了的理性。結果，我們將只對實踐理性作一批判的檢查，因而，實踐理性的批判，不得不排斥那受制於經驗的理性，不能讓其決定意志。

本節將就康德所著《實踐理性批判》之內容，擇要闡述其重點，以明其道德哲學。

一、論純粹實踐理性的四項公理

所謂實踐原則，意指意志的一般決定，及在此一般決定下，含有若干實踐規則之一些命題。當意志的決定被認為只對他自己的意志有效時，則其實踐原則是主觀的，或即是準則（maxim）。當意志的決定被認為對每一有理性者有效時，則其實踐原則是客觀的，或即是實踐的法則（Practical Law）。這種實踐法則僅涉及意志，而不顧到那屬於感官世界之意志的因果關係。為了永保這些實踐法則的純粹性，我們可以不理會那感官世界的因果作用，舉例來說，勸告一個人，要想年老而不匱乏，應當在年青時努力工作且儲蓄，這對意志而言，是一個正確而重要的實踐訓誡。但是，這是一個意志欲求的主觀目的，不能成為實踐的法則，並不是一個定然律令，只有在沒有主觀條件而有效時，規則才算客觀而普遍有效，譬如：告訴一個人，不可作欺騙的諾言，這是一個只關於意志本身的規則，而與意志可否達成的任何目的無關。因此，它是實踐法則，也是一個定然律令。

（一）純粹實踐理性的第一項定理

所以，純粹實踐理性的第一項定理（Theorem）即：凡預先假定欲望機能所求的一個具體的對象（材料：material），作為意志決定的根據之實踐原則皆是經驗的，且不能具備（供

給）實踐法則。[13]所謂欲望機能的材料，是指那欲求的真實對象，如果我們對這對象的欲望先於實踐規律，而且是使實踐規律成為原則的條件，則這原則總是經驗的。

（二）純粹實踐理性的第二項定理

純粹實踐理性的第二項定理是：所有材質的實踐原則皆屬同類，性質一樣，且都處於自愛或個人幸福的一般原則之下[14]。此處，所謂幸福，乃指一個有理性者意識著他的整個生存，經常不斷地伴隨有生活的愉悅者[15]。就是把這幸福作為意志的決定之最高根據的那種原則，便是自愛的原則。依此，一切材質的原則，把意志的決定根源，置於由對象的存在而得到的快樂或痛苦之上者，皆同屬一類，毫無例外，它們皆隸屬於自愛或個人幸福的原則。

然而，關於個人幸福的原則，不論理性和悟性如何在其範圍內使用多少，它總是屬於較低級的欲望機能的決定原則[16]。所以，除非沒有較高級的欲望機能，否則，純粹理性必

---

13 依 Lewis White Beck 英譯《實踐理性批判》第 19 頁云：All practical principles which presuppose an object（material）of the faculty of desire as the determining ground of the will are without exception empirical and can furnish no practical laws。

14 依 Lewis White Beck 英譯《實踐理性批判》第 20 頁云：All material practical principles are as such of one and the same kind and belong under the general principle of self-love or one's own happinese。

15 生活的愉悅，即有快樂之情，乃指由對象產生出期待著的滿足之感，在欲望機能中相當活躍，能在比較之下，選擇那最能影響我們欲望機能的那一方面。例如：①一個人為了不想喪失打獵的機會，寧願將一本不能再得的好書送還，而未曾閱讀。②某人為了如期赴宴，寧可從精彩演講場內半途離去。

16 康德批評個人幸福原則，他以為個人幸福雖為有理性者必然要求之願

須僅以其自身即是實踐的。這就是說，純粹理性僅僅藉由實
踐規則的形式就能決定意志，而沒有預先假定任何情感（即
沒有任何愉快或不愉快的觀念，當作欲望機能的材料。）。

　　因此，只有在理性以其自己決定意志時，理性纔真正算
是比較高級的欲望機能。易言之，理性以其實踐法則直接決
定意志，不因愉快或不愉快的情感之干擾，甚至亦不因對於
法則本身的愉快而決定意志，而只因為純粹理性即是能實踐
的，纔有可能成為立法者。

　　至於自愛（Self love）原則，雖包含有普遍的技術準則
（如何發現手段以達成目的），但是，它們只是理論知解的
原則。所以，吾人實在無法由自愛原則（以**趨樂避苦**、**趨吉
避凶**為目的）而建立一實踐法則，因為**趨樂避苦**乃以苦樂之
情為基礎，而苦樂之情只不過是主觀的、個別的偶然而已。
須知，實踐法則具有客觀必然性，而不僅是主觀的，且必由
先驗理性而得知，決不由於經驗，無論這經驗如何地普遍，
也只是格準，而不是實踐法則。所以說，以自愛為原則的格
準，只是勸告而已，而道德的法則卻是命令，命令每一個人
必須嚴格的遵守。因此，道德與自愛的界限是那麼分明，即
使最平凡的人也可以分辨出其差異性。

望，但是，因為每一個人決定自己的幸福是憑他本身特殊的苦樂之
情，而這個決意亦因個人情緒變遷，欲求差異而致變易不居。所以，
這樣的法則雖主觀上是必然的，但是，在客觀上決不能成為一實踐法
則。所以，當一個人把個人幸福原則作為意志決定的根據時，則其結
果便相反於真正的道德原則。因此，假如理性對意志所發佈的命令之
聲音不是那麼清晰、堅定、明顯，而易為大家所聆聽的話，恐怕個人
幸福原則早已把整個道德粉碎無遺了。

（三）純粹實踐理性的第三項定理

純粹實踐理性的第三項定理是：一個有理性者不能認為他的格準可以充任實踐的普遍法則，除非他認為這些格準是這樣的一些原則：即這些原則只因其形式（而非其材質內容）就含有意志的決定基礎[17]。

所謂實踐原則的材質，是指意志的對象，這個對象或者是、或者不是意志的決定根據。假如它是意志的決定根據，則這個意志的規則是從屬於一經驗的條件，受其支配的（即關乎苦樂之情的決定觀念），因而，它不是一實踐法則。假定我們從一法則中抽出所有的材質內容，即意志的每一對象，則僅留下這普遍立法的純然形式而已。因此，一個有理性者不能把他的主觀實踐原則（即格準）認為普遍的法則，或者他必須設想，只有那些格準的純然形式，才是使這些格準成為實踐的法則。

至於格準的何種形式可以適用於普遍立法？哪一種形式不能適合於立普遍法則？這是不待教導而一般理解能力可以分辨出的。例如：我以任何安全的方法，增加我的財產做為我的格準，如今，我有一筆存款，其原主已病亡，沒有遺留任何記錄資料，我可以應用我的格準把這筆存款佔為己有，此時，我自問一下，我的這個格準是否可以當作一普遍的實踐法則？

在這件事的決意上，我的格準是否能為法則的形式，結

---

17 依 Lewis White Beck 英譯《實踐理性批判》第 26 頁云：If a rational being can think of his maxims as practical universal laws，he can do so only by considering them as principles which contain the determining grounds of the will because of their form and not because of their matter。

果也就是說，我是否能依著我的格準而訂出這法則：即是每一個人可以否認一筆無人能提出憑據加以證明的存款。我立刻知道，像這樣一個原則，若當作一種法則，它必自毀，其結果將無人有存款可言，因為凡我承認的實踐法則，必具有普遍立法的資格，蓋實踐法則和普遍立法，兩者同一，所以，這是一個自明的（分析的）命題。現在，假如我說我的意志從屬於實踐法則，受其支配，則我不能引用我的性好（在上述的這件事上，就是我的貪心）當做普遍實踐法則的決定基礎，因為這太不適合於普遍立法，以至於把它視為普遍法則的形式，它必自我毀滅。

　　吾人由以上之論述，而得一純粹實踐理性的基本法則，此即表示如下：你應該如此行為，使你的意志之格準總能同時適用於當作一原則，以建立普遍法則，而有效力[18]。

（四）純粹實踐理性的第四項公理

　　純粹實踐理性的第四項公理是說，意志的自律是所有道德法則以及適合於道德法則之一切本務的唯一原則，另一方面，有選擇權的意志他律，不僅不能建立任何責任，而且相反於本務的原則和意志的道德性[19]。

18　依 Lewis White Beck 英譯《Critique of Practical Reason》（《實踐理性批判》）第 30 頁云：So act that the maxim of your will could always hold at the same time as a principle establishing universal law。

19　依 Lewis White Beck 英譯《實踐理性批判》第 33 頁云：The autonomy of the will is the sole principle of all moral laws and of the duties conforming to them；heteronomy of choice, on the other hand，not only does not establish any obligation but is opposed to the principle of duty and to the morality of the will。

　　事實上，道德的唯一原則是在脫離法則的一切材質（即欲望的對象）而獨立存在，亦且獨存於格準所能及之普遍立法的純然形式的有選擇權的意志之決定中，這種獨立就是自由的消極意義，而這種純粹的，亦即實踐理性的自我立法，就是積極意義的自由。所以，道德法則所表明的，其實沒有別的，不過就是純粹實踐理性的自律，亦即是自由而已，而這自律或自由本身就是一切格準的形式條件，只有在這條件之下，格準才能與最高的實踐法則契合一致。

　　因此，如果決意的材質（此乃與法則有關的一個欲望的對象）進入實踐法則之中，作為這個法則的可能條件，則其結果就是有選擇權的意志他律，亦即是依於衝動或性好的自然法則。此時，意志不能把法則給它自己，只是指導人合理地遵循病態的法則（Pathological laws）之箴言而已。格準在這種情況也不能包含有普遍地立法形式，不但不能產生責任，且其自身也相反於純粹實踐理性的原則，亦與道德的性向（moral disposition）相違，縱使由此作成的行為或可符合於法則。

　　依上述所論自律與他律之義，吾人是否很難分辨其差異？其實，最普通的智能也能很容易而毫不遲疑地看出，根據意志自律原則，什麼需要做？應當做什麼？是很簡明的一件事。但是，依照意志他律的假定，要想知道什麼需要做，應當做什麼，卻是很難，除非具有知悉世界的知識，這就是說，本務是什麼，這對每一個人自己而言，是明白易懂的。

　　所以，去滿足定然律令的道德命令，是每一個人有能力辦到的，如何去遵從這個道德法則，其方法也不需要被教導，吾人早已知道的，因為，在這方面，無論是什麼，凡他願意

去做的，他亦能做。[20]例如：一個人在賭局上行騙，雖然他因欺騙而贏錢，但是，如果他把自己和道德法則比較時，他必立刻自感慚愧，認爲自己是一個無價值的人。雖然，如果他依服個人幸福原則，或許他會洋洋得意地說，我是一個精明巧智的人，因爲我已裝滿我的錢包，可見道德法則與個人幸福原則根本不同，意志自律與他律也迥然有別。[21]

　　以上所論，主要目的在表明純粹理性是能實踐的，意即是能自身超脫所有經驗而直接決定意志，這件事是純粹理性在證實其自身即具有自律而被證明的，這是道德的基本原則，依此，理性可以決定意志，以產生行爲。

二、論善與惡

　　實踐理性的唯一對象，只是那些善與惡的對象而已。所

20　康德以爲凡有理性者服從道德法則，是不需要被教導，人心早已知道的，命令你服從，你就應當服從；如果你願意去作，你就有能力去作。此說恰似孔子在《論語‧述而》所云：「仁乎遠哉，我欲仁，斯仁至矣。」康德認爲：「去滿足定然律令的道德命令，是每一個人有能力辦到的。」此說恰似《孟子‧告子上》中所云：「仁義禮智非由外鑠我也，我固有之也，弗思耳矣，故曰求則得之，捨則失之。」又說：「理義之悅我心，猶芻豢之悅我口。」（〈告子上〉）這就如孔子所說：「有能一日用其力於仁矣，我未見力不足者。」（《論語‧里仁》）然而，儒家有異於康德者，乃儒家就「天命之謂性」、「本心即性」上說「悅」與「願」。依此，自律即是自願。參閱牟宗三先生譯注《康德的道德哲學》第 178 頁。

21　至於傳統道德學說所論述的一切原則都是材質的，無論是伊壁鳩魯之天然情感（physical feeling），胡契遜之道德情感（moral feeling），吳爾夫及斯多噶之完全圓滿（perfection），以及神學的道德學家之上帝意志（will of God）等等，皆不能當作道德與本務之純粹的原則。因此，都不能供給最高的道德法則，它們所作成的，僅是他律而已。

謂善的對象，意指欲望機能的一個必要的對象；所謂惡的對象，則是意指吾人嫌惡的一個必然對象，然善與惡兩者皆依照理性的原則。

如果善的概念不是從一實踐法則推演出來，卻反而用作那實踐法則的基礎，則此善的概念只能是一個可以允諾快樂，並足以決定個體之因果性去產生此快樂者，這就是說善的概念足以決定欲望機能。但是，因為我們不可能先驗地辨知何種觀念將伴隨著快樂，何種觀念將伴隨著痛苦。所以，只好依靠經驗去尋找那直接地善或惡，而這經驗只是經驗者個人所有，惟有經驗者個人，才具有內在感官之快樂或痛苦的情感。如此，那直接與快樂的情感有關連者即是善，而那直接引起痛苦的就是惡。

然而，這種說法相反於一般語言的使用，因為我們在語言的使用上，是把快樂與善，不愉快與惡分辨清楚的，並且要求善與惡由理性來判斷，亦即在理性的指導下，只當我們得知某物為善或惡時，始有所欲，然後再決定意志，也就是由人人所共識的概念來判斷，而不僅是個人主觀的純然感覺所判斷。

福寧（well being）或悲慘（woe）僅指有關我們愉悅或不愉悅，即涉及我們享樂或痛苦的情形，如果我們依此理由而意欲或避免一個對象，則這只是跟我們的感性和此感性所生之苦樂之情有關。但是，善或惡總是意指理性法則決定意志，以產生某種對象的涵義，因為意志從來不會直接地被對象以及對象的觀念所決定，意志卻有一種自取理性規則以為其行為動力的機能，由此機能，可使一個對象真實化，而實

現某種目的。所以，恰當地說，善或惡是與行為有關的，而不涉及個人的感覺。如果某物要成為或被認為是絕對地善或惡（在每一方面以及無條件地善或惡），那只能是行為的方式，即是意志的格準，而其結果也就是說，行為者本人是善人或惡人，決不是某一物。

我們所稱之為善者，必定在每一有理性者之判斷下的一個欲望機能的對象，而那所謂惡者必是人人共棄的對象。因此，這種判斷，除了感官之外，還需要理性。例如：誠實是善，說謊是惡；暴力是惡，正義公道是善等等，是如此顯明相反之事。但是，有些事我們可稱為不好的或不幸的（ill），然而，每一個人卻同時直接或間接一致承認其為善。例如，某人接受外科手術，當然覺得這是一件不幸的事，但是，依照理性，人人共認這事是善的。又如某人喜好欺壓良民，終遭毒打，此毆打當然不幸，但是，此舉被公認為一大善事，甚至這個被挨打的人，在他的理性判斷中，也必須承認這是公道，因為他依其理性看出幸福與善行之間應當有的比例，而今正見諸實現。

所以說，人類的理性在評估我們的行為實踐時，對於福與禍的結果極為關注。但是，如果人之理性只是作為感性欲望之趨福避禍的工具而滿足，則人與其他禽獸無異。因此，理性必有更高的目的，能提高其價值，使它超越禽獸之上者，這就是理性當能考量那在其自身即是善或惡者（關於自身即是善或惡者，只有純粹理性，不依任何感性之性好或興趣，纔能判斷），並且把自身即是善或惡者，徹底地從福禍中分辨出來，而使它成為考量福禍的最高條件。

　　在考量那些從相對的善或惡（或福與禍）分辨出來之絕對地自身即是善與惡者，以下的問題值得注意，即是：一個理性的原則早已被認爲是意志的決定根基，而不論及欲望機能的可能對象，因而亦即是說，只憑依格準的純粹立法形式，即被認爲其自身就是意志的決定原則。在此，那個理性原則是一先驗的實踐法則，而純粹理性是被假定爲以其自身即是實踐的。此時，這個先驗的實踐法則直接地決定意志，而那與法則相符合的行爲其自身就是善，凡其格準總是符合於此法則的意志，就是絕對地且在每一方面皆是善的，是所有善的最高條件。

　　所以，善與惡的概念不在道德法則之前被界定，雖然看似它是道德法則的基礎，其實，善與惡的概念必定在道德法則之後，且由道德法則所規定。換句話說，決不是善的概念決定道德法則而使其爲可能，正相反，乃是道德法則在規定善的概念而使其爲可能，亦即首先決定善的概念而使其爲可能者，乃是道德法則。

　　值得注意的是，康德在論述純粹實踐理性的對象：善與惡之正文後，又附有一段解說，標題是：純粹實踐理性的表徵（typic）。所謂表徵，意指自然法則是道德法則的符號、象徵，或作爲檢驗的例證，亦即依據自然法則來檢查格準是否有普遍性？是否爲道德的自由之法則。例如：就某一件行爲而言，是可以通向兩邊的，依實踐理性而言，行爲通向自由之法則；就行爲的存在而言，通向自然之法則，這兩種法則必須相對照呼應。因此，普遍的自然法則可爲道德法則的表徵，舉例而言，說謊及自殺兩者，說謊話是否可以成爲普

遍之自然法則呢？自殺可以成爲普遍之自然法則嗎？吾人一
比照，即明白道德法則是「本」，自然法則是「象」。

　　康德純粹理性表徵說的總持作用，是爲了防止把那屬於
概念之表徵的東西，算在概念自身之內，自然法則只是自由
之法則的表徵，並不是自由之法則本身。此外，還有兩個重
要的作用，一是防止實踐理性的經驗主義，這種經驗主義把
善與惡的實踐概念，僅立基於經驗的幸福原則之上；另一作
用就是防止實踐理性的神秘主義，這種神秘主義想爲道德概
念供給現實的直覺，此直覺不是感觸的智的直覺，但是，人
類並不能有智的直覺。（所謂智的直覺是關乎一智思世界的
先驗直覺，這種先驗的直覺由於是超感觸的，所以，對我們
人類而言，必應是不可能的，即人無智的直覺。）[22]

三、論道德法則

　　吾人行爲的道德價值之本質問題，乃是在於道德法則須
直接決定意志，假如意志的決定，僅因一種情感而能依照道
德法則來發生的話，則無論哪一種情感皆必須被預設，爲使
法則能夠成爲意志的決定根據，這樣，如果這個行爲不是爲
了法則之故而發生，那麼，這行爲只是合法正當罷了，而無

---

[22] 依照牟宗三先生的說法，依宋明儒陸、王心即理、心外無物之說，心
　　是廣大而無限的心，應能生天生地，亦應有智的直覺，人只爲私欲間
　　隔，無限心不能朗現。總之，儒家承認：①自由意志是一無限心。②
　　無限心有智的直覺。③自由不是一設準，而是一呈現。如此，儒家的
　　生命哲學有調整疏通康德學說的作用。（參閱牟宗三譯注《康德的道
　　德哲學》第 229～243 頁。）

道德可言。

　　然而，就我們所知的一種誘動因（incentive）來說，如果這種誘動因是某人的意志決定之主觀根據（此時，這個人的理性不是依其自然本性能符合於客觀法則），則此人的意志之道德的誘動因，除了是道德法則之外，不能是別的東西。

　　在道德法則的影響之下，意志的每一決定之基本要點乃是：由於是一自由意志，所以，它純然受道德法則所決定，不僅沒有感性衝動的合作，甚且拒絕一切感性的衝動，以及抑制一切相反於道德法則的性好[23]。

　　依此，當作一誘動因的道德法則之所生結果，只是消極的，因為一切性好及每一感性衝動都是基於情感，而所生的這消極的影響也是一種情感（即是抑制感官的各種性好）。所以，我們能夠先驗的看出：道德法則作為意志的決定原則，它必因反對一切性好而產生一種情感，這種情感稱為「痛苦」。換句話說，道德法則在情感上所產生的痛苦，只是消極的。另外，有其積極的一面，因為道德法則本身具有積極

23　一切性好（inclination）之滿足，稱為幸福，總持而言，謂之「利己心」（self regars），此或是表示一種過度的「自我顧念」（self love），或是表示一種過度的「自我滿足」（self satisfaction）。更嚴格一點說，前者叫「自私」（selfishness），後者名之「自大」（self conceit）。純粹實踐理性只抑制自私，因為自私自愛是自然而主動的東西，先於道德法則存在於我們生命之中，為道德法則所限制，使其符合於法則，當這限制已完成時，自私可稱為「合理的自愛」（rational self love）。但是，純粹實踐理性必全然擊滅自大自滿，因為先於與道德法則相符合的自我尊大（self esteem）之要求，都是不可證明的。蓋與道德法則相符合的一種氣質之確定，是人格價值的首要條件，若在這種符合之前，對於價值的假定皆是虛妄的，且違反法則。現在，只要自我尊大的習性基於感性時，就是道德法則所要抑制的性好之一，因此，道德法則必擊滅自大自滿。

的意義，就是知性因果的形式，即自由的形式，同時也是尊敬的一個對象。

因為，與我們性好的對抗中，它減弱了自大，又因為道德法則擊滅自大（即貶低自大），所以，它是最高尊敬的一個對象，且是一種積極情感的基礎，這種情感非起源於經驗的，而是能先驗地被知的。因此，尊敬道德法則是一種為知性原因所產生的情感，這種情感是我們唯一能夠先驗地完全知道的，且必然能體悟之者。這就是說，道德法則在情感上所產生的結果，痛苦只是消極的，尊敬才是積極的意義。[24]

由於道德法則在情感上所產生的積極意義，每一有理性的人若把道德法則和他本性上的性好私欲比較一下，就不免自覺謙卑，而且油然而生尊敬之情[25]。因此，道德法則在主

---

24 尊敬（respect）總是只應用於個人（persons），決不能應用於事物（things），我們對動物如老虎、獅子，對高山、大海等等，都不能引起尊敬。事實上，尊敬並無快樂之情，我們對某人的尊敬，實是勉強之事，總是尋找有否可以減輕尊敬的負擔，即盡力找出被尊敬者的缺陷，為我們補償這一個典範所引致的屈服，因為我們是很不情願地屈服於尊敬某一個人。

25 康德以為道德法則是我們首先能意識及之的，即使是最普通的人也知道在其聲威之下所應當為，以及不應當為者。道德法則能在情感上產生深切的影響，因而引生謙卑之情及尊敬法則之情，此情不是感性的，而是實踐的，這種道德之情即是吾人的本心，孟子所說良知良能，良知必能知之，良能必能體現之，擴充其極，是謂本心或神聖的意志。依孟子思想，從本心發出的任何格準，根本不能與道德法則衝突，所以，本心即是神聖，本心之命令是性分之不容己。就本心而言，它發命令，也自願自己命令自己，而不是強制的被命令，否則就不是本心，而其意志就不得為自由。但是，吾人雖有良知良能，也總受性好與私欲的影響。所以，雖有本心，而不能完全體現，因此，在體現上有強制性的意味，但是，不是就本心自身上說。（參閱牟宗三先生譯注《康德的道德哲學》第 265 頁。）

觀上說也是尊敬的一個原因，這種主觀地對道德法則的尊敬之情，以及自覺謙卑兩者合而言之，就叫做「道德的情感」（moral feeling）。[26]這種道德的情感僅由理性所產生，故不同於感性的情感，此一道德的情感只是用來當作一種誘因，以使道德法則本身成爲一格準，這樣一種特殊的情感，似乎專任理性來處置，且獨由純粹實踐理性所指揮。

康德說：「純粹理性僅以其自身即是實踐的，並給予人一普遍的法則，這普遍的法則我們就叫它道德法則。」[27]這種道德法則不可由感覺世界（the world of sense）的任何材料（data），以及不能由我們理性之理論上的知解使用之全部範疇來解釋。由於道德法則給予我們這樣一種事實，它指出了一個純粹的知性世界（intelligible world：智思世界），並且是此知性世界的基本法則，即是獨立不依靠任何經驗制約，因而也就是屬於純粹理性之自律的法則。

所以說，道德法則的客觀實在性，不能以任何知解理性的努力去推證它，事實上，道德法則其自身是不需要被證明的[28]。因爲道德法則是當作一種純粹理性的事實而給予我們

---

26 道德法則因道德情感之說，而有主觀與客觀兩方面的涵義。從客觀上說，道德法則本是依著實踐純粹理性而來決定行爲的一種形式的原則；另一方面，道德法則又是一主觀的決定原則，意指發動行爲的誘動因，因爲它對這主體（人）的感性有一種影響力，並能產生一種情感，這種情感助長了法則對意志的影響。

27 依 Lewis White Beck 英譯《Critique of Practical Reason》（《實踐理性批判》）第 32 頁云：Pure reason is practical of itself alone, and it giues（to man）a universal law，which we call the moral law.

28 道德法則不需要被推證，因爲道德法則是一種事實，依道德法則而行動，問題只在於你願不願意去行動，你若不行動，也無法使你必然行動，你若願意去行動，則你的行爲必依道德法則而行，這是一個實踐的問題，而不是一個認知的問題。

的，是我們能先驗地所體會到的，而且堅定確信它存在，雖然，我們承認在經驗中，不能找到完全奉行這種道德法則的實例，但是，凡承認受道德法則約束的人，不但可能而且實際有了自由。所以，在事實上，道德法則正是一個確立自由的因果性之法則，因而也就是超感性的自然體系可能存在的法則。

道德法則在理性的判斷中，客觀而又直接地決定意志，因此，尊敬道德法則，毫無疑問是唯一的道德誘動因。而此尊敬，除立基於道德法則本身上，並不指定任何對象的。我們又可以從道德的誘動因之概念，發展出道德的興趣之概念，這種興趣的概念只能歸屬於有理性者，表示意志的誘動因，只當這意志為理性所呈現時，因為在一道德地善的意志中，道德法則本身必是誘動因。所以，道德的興趣只是實踐理性獨立不依感覺之純粹的興趣。再者，格準的概念是立基於興趣的概念上。

所以，格準之為真正的善，僅當它立基於只感興趣於服從法則之興趣上，不過，誘動因、興趣、格準這三種概念，只適用於有限者，因為這三種概念皆預設了有限者（finite beings）本性固有的限制。在這限制中，有限者之選擇的主觀性格，不能以其自身即與實踐理性的客觀法則相符合，這三者又假定這有限者必須依賴某種態度被迫去行動，因為一種內在的障礙與其作對，因此，這三者不能適用於神的意志。

由於一個有限者也是一個被造物，他總是有依待的（即依賴著他為了得到完全滿足所必需的東西），所以，他不能完全超脫各種欲望和性好，而這些欲望和性好皆因基於自然物理的原因。因此，不能以其本身即與道德法則相符合，因

而也就是說，沒有一個有限的受造物，能夠達到徹底完全喜歡去力行一切道德法則的階段。就我們所知道的情形是：每一有限而有理性的被造物，所處的道德階段是尊敬道德法則，他在服從這法則上應有的性向，是從本務的觀念去服從，不是發自性好去服從，亦不是從喜歡和自願的戮力去服從。

　　所以，在一切道德判斷中，要極嚴格地去注意一切格準的主觀原則，這是最重要的事。如此，一切行為的道德性，可以被安置在由本務而行，以及由尊敬法則而行，而不是由喜好或性好而行的必然性中。就人以及所有理性的被造物而論，道德的必然性是一種「強制」，即是一種「責任」，而每一立基於這必然性的行為被認為是「本務」（duty）。

　　因此，所謂本務（duty），是指一個能夠依照道德法則而為客觀地實踐的行為。此一行為排除每一有決定作用的性好，因為排除性好之故，本務的概念包含實踐的責任，即包含一種決定行為的能力，不論這行為如何勉強的被作成。如此說來，我們對道德法則的關係，無非就是本務和責任兩者吧了！

　　以上簡明地論說了純粹實踐理性的真正誘動因之性質，它不是別的，其實就是純粹道德法則本身。因為，此種純粹道德法則，使我們認知自己的超感官的崇高存在，以及對於人的較高本性的尊敬，雖然，我們也覺識到自己感官知覺的存在。[29]

29 吾人因對於道德法則的認知，而隸屬於兩個世界，一是感官世界，以感性之性好和性癖為其表現；另一方面，人有人格尊嚴，人格是一種力量，把人提升超越他自己感官的世界，此即知性世界（智思世界），而知性世界中之較高的本性，即表現為尊敬法則和實踐本務（本務是

最後，康德在實踐理性批判之結論上說：「有兩件事，我們愈是時常而不間斷地深思反省它們，就愈增加吾人新的讚美和敬畏，那就是在我頭上的繁星天體以及在我內心之中的道德法則。」[30]這兩者絕不是虛渺之事，而是明白顯見於每一個人面前的，並且直接與我的意識相結合。尤其是那道德法則，是從我們內在的人格之處，引領吾人成爲一睿智體，因而無限地提升了人的存在價值，在此睿智體的價值中，道德法則顯示出一種不依於動物獸性，甚至不依於全部感覺世界之獨立的生命。

四、論最高善

作爲純粹的實踐理性，它要爲實踐地有條件者（這些有條件者是立基於性好及自然的需要上）尋找那無條件者，這些無條件者並非拿它作爲意志的決定原則，甚至當這作爲意志的決定原則的無條件者，已在道德法則中被給與，理性還要在最高善（the highest good）之名稱下，尋找那作爲純粹實踐理性的對象之無條件的全體。

本心之不容已者）。例如：普通一個有理性的人，都可以體會出來，假若說了一個謊言，就可以使自己擺脫不悅之事，或可爲朋友謀利，但是，他避免說謊話，他之所以不說謊話，只是爲了害怕在他內心深處輕視他自己。我們也可以見到一個正直的人，處在窮困之中，只要他不顧本務（忽視當爲之事），即可避免窮困，但他因有人格尊嚴，不願羞辱自己，寧可窮困而顧及本務。

30 依 Lewis White Beck 英譯《Critique of Practical Reason》（《實踐理性批判》）第 166 頁云：Two things fill the mind with ever new and increasing admiration and awe, the oftener and more steadily we reflect on them：the stary heavens above me and the moral law within me。

　　充分地爲我們合理行爲的諸格準，去實踐地界說這個最高善的觀念，乃是「智慧之學」所務，而此智慧之學作爲一種學問而言，就是所謂的「哲學」。哲學這個名詞的意義，就古人所了解的，意謂一種概念與行爲的教導（這種概念即是最高善已被置於其中的概念，這種行爲即是依最高善之因而被作成的行爲。）我們把哲學一詞當作「最高善之學」的古義（就理性努力去使這最高善之學成爲一門學問而言），這應該是妥當的。

　　因爲，一方面，作爲一「最高善之學」所限定的條件，必應適合於希臘古文所謂「愛智慧」的原義，同時，它又足以在哲學之名下包含「愛學問」。這就是說，對一切思辯的理性知識之愛好，此對理性而言，有兩方面均可適用，一是最高善之概念可適用於理性，另一是決定行爲的實踐原則也可適用於理性，此兩者並未喪失這主要目的，就是「愛智慧」。

　　爲此之故，思辯的理性知識始堪稱爲實踐的智慧之學；另一方面，我們可以用最高善的定義，作爲自我評估的標準，把這個標準置於一個以哲學家自居而自命不凡者的面前，抑制其驕狂自大，這也是無妨的。因爲當一個「智慧的教師」並不只是當一個學者那麼簡單，智慧的教師意指「智慧知識的大師」，這對謹慎之人是不敢隨便自命的。所以，哲學如同智慧一樣，仍然是一個理想。

　　此理想，在客觀方面，惟獨完整地呈現於理性之中；在主觀方面，對人而言，是人之一生不停努力的目標，有誰敢貿然宣稱自己已經得之，而僭取哲學家之名，除非他能無誤地展現此一理想之效果於他自己的人格中，以爲人類的一個典

範，這一點正是古人所要求當一個哲學家之光榮頭銜的條件。

　　道德法則是純粹意志的唯一決定原則，但是，因為道德法則只是形式的，所以，它作為一決定原則，必須抽掉一切材質的東西，亦即抽掉意欲的每一對象。因此，雖然最高善可以是一純粹實踐理性的整個對象，亦即是一純粹意志的全部對象，但是，它仍然不可被認為是純粹意志的決定原則，只有道德法則纔必須被認為是使最高善之實現，成為純粹意志的對象之根據，這一說明是重要的，因為如果我們在善之名稱下，假定任何對象先於道德法則，作為意志的決定原則，並從這對象中推論出最高的實踐原則，則這總是引生意志他律，而違背了道德法則。

　　但是，顯然自明地，如果道德法則被包含在最高善的概念中，以為其最高的條件，則最高善不僅是一個對象，而且，最高善的概念及其存在的觀念，由於因著我們的實踐理性而成為可能，同樣也是純粹意志的決定根據，這是因為道德法則被包含於最高善的概念中，且如自律原則所要求的，惟道德法則決定意志，而非其他對象決定意志，這種意志決定的概念之次序，不可忽視或本末倒置，否則，我們就會誤會自己，以為陷於矛盾，其實，大千諸事皆處於完全和諧的！

　　康德以為德性（virtue）是使幸福為有價值的主因，也就是我們追求幸福的至高條件，因此，德性即是至高的善（supreme good），但是，並非完整而圓滿的善，因為作為理性的有限存有之欲望機能的對象，這完整而圓滿的善，除了德性之外，還需要有幸福，由於德性和幸福合成而為一個人的最高善，而幸福以正確的比例分配於道德（道德是一個

人的價值所在，也是他之值得有幸福者）。所以，德性與幸福的結合，即謂之完整而圓滿的最高善，在此至善中，作爲條件的德性總是極善者，因爲它沒有其他條件復加其上，而幸福雖具有令人愉悅的成份，卻不是自身絕對地善，幸福總是預設行爲能符合於道德法則爲條件。

因此，當德性與幸福被統一在一個概念之中時，這種統一或者被視爲邏輯分析的連結，或者被視爲實際綜合的連繫。所以，德性與幸福的結合，可以依兩種方式而被解析：（一）者，努力成爲有德者與合理追求幸福兩者不是不同的行爲，而是絕對相同的行爲；（二）者，德性是因，而其所產生出的幸福爲果，兩者之意義不同。

在此問題的論究上，古希臘哲學只有兩個互相對立的學派，伊壁鳩魯學派認爲，意識著由一個人自己的格準而引至幸福，乃是德性；斯多噶學派以爲：你要意識到一個人自己的道德就是幸福。

依據伊壁鳩魯之意，精審（Prudence）相同於道德；依照斯多噶之言，只有道德才是真正的智慧。這兩派的思想差別很大，一派求其原則於感性欲求之中，另一派則求其原則於獨立不依於感覺的實踐理性之中。依照伊壁鳩魯的思想，德性的概念早已安置於助長一個人的幸福之格準中；另外，依照斯多噶的學說，幸福之感早已包含於德性的意識中。換句話說，斯多噶學派主張德性是全部的最高善，而幸福只是具有德性者的意識，蓋由於幸福是屬於主體自我的狀態；伊壁鳩魯學派則主張幸福是全部的最高善，而德性只是爲了追求幸福的格準方式，即是說，德性是達到幸福所使用的合理方法。

　　從以上論述得知，德性的格準以及個人幸福的格準，此兩種格準就它們的最高實踐原則而言，是完全異質的，雖然它們皆屬於一個最高善，兩者結合使最高善成爲可能。但是，兩者在同一主體中卻強烈地彼此限制，互相抑制，因此，最高善在實際上如何可能？這仍然是個未解決的問題，因爲幸福與道德是最高善的兩個特別不同的要素。因此，它們的結合不能分析地被認知，因爲最高善是不同概念的綜合，所以，這種結合被認爲是先驗的，也是實踐必然的，不能從經驗中引申出來，因此，最高善的可能性不能基於任何的原則上。所以，最高善的概念之推論必須是超越的，由意志的自由而產生最高善，這是先驗地（道德地）必然的，它的可能條件必須僅立基於先驗的認知原則上。

第四章　王陽明與康德道德哲學的異同

第一節　哲學方法論的異同

　　大體而言，哲學方法可分兩路：一為理解之路；另一則是實踐之路。就一般來說，西洋哲學家走的是理解之路，而中國哲學家走的是實踐之路[1]。因此，西洋哲學精於思辯，成就邏輯、知識論；而中國哲學尚於體認，從事既哲且聖的道德修養。茲就王陽明與康德的哲學方法比較說明如下：

　　陽明在〈答羅整庵少宰書〉一文上說：「世之講學者有二：有講之以身心者，有講之以口耳者。講之以口耳，揣摸測量求之影響者也；講之以身心，行著習察有諸己者也。」（《王文成公全集》卷二）。陽明以為講學（研究學問）有兩種方法，一種是藉著身心去行著習察，反求諸己；一種是

---

1 由於孔子創立仁道哲學，把握仁的實踐精神，形成中國哲學以躬行實踐為要義，不尚空談知解，不重文字語言。如朱熹說：「某此間講說時少，踐履時多，事事都用你自去理會，自去體察，自去涵養，書用你自去讀，道理用你自去究索，某只做個引路底人，做得個證明底人，有疑難處同商量而已。」（《朱子語類》卷第 13）王陽明也曾對門生說：「吾與諸公講致知格物，日日是如此，講一二十年，俱是如此，諸君聽吾言，實力用功，見吾講一番，自覺長進一番，否則，只作一場話說，雖聽之亦何用。」（《傳習錄》卷下）

藉著口耳的知識去揣摸探測，向外求理。前者是直接體驗的方法，後者是分析理解的方法。陽明是走直接體驗內在道德生命的方法，即實踐之路；而康德是探理性分析、客觀研究的方法，即理解之路。

一、王陽明直接體驗聖人之道

（一）讀書學聖賢，是天地間第一等事

〈年譜〉上記載陽明生於明憲宗成化八年九月（西元1472 年），幼時聰慧。十一歲時，問塾師：「什麼是天下第一等事？」塾師回答說：「只有讀書登第。」陽明頗表懷疑地說：「登第恐怕不是第一等事，或許讀書學聖賢，纔算是天地間第一等事吧！」陽明在他幼小的心靈裏，以為讀書的目的並非只求登第做官，而是為了學做人，做人的標準當然以聖賢為最高典範。所以，讀書學聖賢，修成自己的道德人格，纔是天地間第一等事，蓋聖賢纔算天下第一等人。這是陽明不平凡的智慧，一下子靈光爆破，顯示出他對儒家學問之希聖希賢的道德人格的嚮往，這是超齡、超凡的理想。不過，在當時，他的生命仍然狂放不已，躍動不停，似乎仍未立志成聖賢。

十五歲，年少而豪邁不羈的陽明，出遊居庸三關，企慕英雄豪傑，慨然興起經略四方，防禦邊塞之志。於是探詢諸夷部落的分佈情形，研究防禦的方略，想上書朝廷，被父親龍山公說他為狂，纔停止下來。

十七歲，成親，結婚當日，閒步走入一座道觀，名爲鐵柱宮，見道士靜坐。陽明因爲好奇，便向道士求教養生之道，遂與道士對坐，而忘了洞房花燭夜。這不是荒唐，而是因爲陽明的性格太真摯，他有多方面的興趣，又非常認真，他的生命實在狂放不羈，誠摯純真。十八歲，與夫人回浙江餘姚，路過江西廣信，特地去拜訪當時有名的學者婁一齋，婁氏講宋儒格物之學，認爲人人必可學至聖人，陽明頗有契悟，開始慕求儒家聖學，遍讀經子史書。

二十一歲，中了舉人，遂遵循宋儒格物之學，取竹子格草木之理，沉思多日而不得要領，終於病倒。陽明自認聖賢是有分定的，不是人人可學至的，於是乃隨世俗，學習辭章，結詩社，與文人詩友對奕聯詩。

二十六歲，因當時塞外有亂，邊報甚急，陽明遂學兵法，凡兵家祕藏諸書，莫不遍讀精究。二十七歲，自覺文學辭章，百藝才能皆不足以通至道，於是，第二次依朱子格物之學，做窮理工夫，但仍然無所自得，且外在的事物之理與內在的本心不能爲一，心情沉悶，舊病復發，認定聖賢有分，此時，偶聞道士談養生，遂有遺世棄俗，入山修道的念頭。

三十一歲，陽明告病回浙江，在陽明洞做修煉工夫，行導引術，有先知之覺，但是，過了一些時日，又覺得這是簸弄精神，並非至道，漸悟佛釋仙道之非。雖然，心中仍有離世之念，可是卻惦記著祖母與父親，終於忽然覺悟，思念親人是人之本性，生於孩提，若此念可去，就是斷絕人性，因爲愛親出於至性真情，不能斷滅。從此，陽明漸離佛道，接近儒學。

三十四歲，在京師，與湛甘泉定交，共明聖學，門人始進。陽明有感學者沈溺於詞章記誦的口耳之學，不知有行著習察的身心之學，乃使人先立必爲聖人之志，時人以爲陽明立異好名。三十五歲，武宗即位，劉瑾竊權，忠臣戴銑等上諫忤旨，結果逮捕詔獄，陽明疏救，亦下詔獄，廷杖四十，被謫到貴州龍場，當驛丞。

（二）知行合一

三十七歲，至龍場，在險惡的環境下，得失榮辱全都超脫，惟生死俟命而已。日夜端坐，澄心靜默，以求主一，忽然半夜大悟，始知聖人之道，吾性自足，向外求理於事事物物，皆誤也。三十八歲，主貴陽書院，始提知行合一，使學者自求本體，不僅要思惟省察，更須著實躬行，避免知行決裂。

四十六歲，二月，掃平漳寇，此役僅三個月時間，漳南數十年賊寇悉數平定。九月，安撫樂昌、龍川諸賊巢，以是非善惡之辨，論賊遷善從良，由於辭切情真，故當時酋長多人，率眾投效。十月，平定橫水桶岡諸寇。四十七歲，在江西，元月，征三浰（又名浰頭，在廣東和平西北，接江西龍南，綿延深遠，有上中下三浰，近龍南者爲上浰，在岑崗者爲中浰，最南者爲下浰。），三月，襲平大帽浰頭諸賊寇。四十八歲，也在江西，起義兵，擒宸濠。四十九歲，因張忠、許泰讒言陽明必反，生死勢危，幸張永保全之。

（三）致良知之教

五十歲，在江西，揭致良知之教，陽明以爲良知是千古

聖賢相傳的一點滴骨血，足以忘患難，出生死。此一良知之說，是陽明從百死千難中直接體驗得來，學者千萬不可把良知當作一種光景玩弄。

五十二歲，在越，謗言日熾，陽明體認益深，他自認狂者，他說：「吾自南京以前，尚有鄉愿意思，在今只信良知真是真非處，更無掩藏迴護，纔做得狂者，使天下盡說我行不掩言，吾亦只依良知行。」又說：「狂者，志存古人，一切紛囂俗染，舉不足以累其心，真有鳳凰翔於千仞之意。」[2]。

（四）天泉證道四句教

五十六歲，門人錢德洪與王龍溪論辯爲學宗旨，陽明提出四句教，以爲天泉證道，他勉德洪與畿說：「二君以後與學者言，務要依我四句宗旨：無善無惡是心之體，有善有惡是意之動，知善知惡是良知，爲善去惡是格物。以此自修，直躋聖位，以此接人，更無差失。」又說：「我年來立教，亦更幾番，今始立此四句，人心自有知識以來，已爲習俗所染，今不教他在良知上實用爲善去惡功夫，只去懸空想個本體，一切事爲，俱不著實，此病痛不是小小，不可不早說破。」[3]。

五十七歲，二月，討平思田。七月，襲破八寨，斷藤峽等賊，並上疏請求經略思田及八寨斷藤峽等地。十一月二十九日，陽明卒於南安青龍舖，門人問遺言，先生哂然曰：「此心光明，亦復何言。」

〈年譜〉上記載黃綰上疏說明陽明的事功有四，其言曰：

---

2 見《王陽明全書（四）》第 131 頁，〈年譜〉。
3 見《王陽明全書（四）》第 147 頁，〈年譜〉。

「蓋其功之大者有四：其一：宸濠不軌，謀非一日，內而內臣如魏彬等，嬖幸如錢寧江彬等，文臣如陸完等，為之內應，外而鎮守如畢真劉朗等，為之外應，故當時中外諸臣，多懷觀望，若非守仁忠義自許，自任討賊之事，不顧赤族之禍，倡義以勤王，運籌以伐謀，則天下安危未可知……其二：大帽、茶寮、浰頭、桶岡諸賊寨，勢連四省，兵連累歲，若非蕩平，南方自此多事，守仁臨鎮，次第底定。其三：田州思恩，搆釁有年，事不得息，民不得已，故起守仁以往，定以兵機，感以誠信，乃使盧王之徒，崩角來降，感泣受杖，遂平一方之難。其四，自來八寨為兩廣腹心之疾，其間守戍官軍，與賊為黨，莫可奈何，守仁假永順狼兵，盧王降卒，並而襲之，遂去兩廣無窮之巨害。」[4]。

　　從以上的記述中，吾人得知陽明生性穎悟，為人真誠，心境空靈，雖處困頓，不怨天，不尤人，惟以靜坐，掃除一切雜念，澄清心中思慮。就在這靜一之中，直接體驗了聖人之道，以及心中之理，這種直接體驗的哲學方法，不是客觀分析，亦非邏輯推論，而是一種內在本心的直覺，直接印證內外之理、內外之性的合一，亦即陽明所謂「理無內外，性無內外，故學無內外。」，這就是說，理只是一個，心中的理即是外在事物的理，心外無理，心外無事，心即是理。

　　陽明說：「理一而已，以其理之凝聚而言則謂之性，以其凝聚之主宰而言則謂之心，以其主宰之發動而言則謂之意，以其發動之明覺而言則謂之知，以其明覺之感應而言則

---

4 見《王陽明全書（四）》第 163 頁。

謂之物。故就物而言謂之格，就知而言謂之致，就意而言謂之誠，就心而言謂之正。正者正此也，誠者誠此也，致者致此也，格者格此也，皆所以窮理以盡性也。天下無性外之理，無性外之物，學之不明，皆由世之儒者，認理為外，而不知義外之說，孟子蓋嘗闢之，乃至襲陷其內而不覺，豈非亦有似是而難明者歟？不可以不察也！」[5]

根據陽明的體驗，理、性、心、意、知、物，會歸於一，心與物本來是合一的。所以，格物、致知、誠意、正心皆所以窮吾心之理，以盡吾人之性。這種內外打成一片的深切體悟，陽明又稱「知行合一」。陽明這種直接體驗的方法，並非感官的知覺之經驗，所謂感官的經驗，就是目可得見，耳可得聞，口可得言，心可得思者；反之，目不可得見，耳不可得聞，口不可得言，非語言所能喻，須自心體認出來者，即所謂直接體驗。此一方法有如明鏡，隨感而應，無物不照，直接明白，毫無隱曲，有如好好色，惡惡臭，非常簡單。學者只要去人欲，掃除內在的障礙，使心中無一毫私慾，自然可以直接體驗心中之理，陽明稱這種方法為「致良知」。

（五）心體上用功，反觀自心

由於陽明主張為學方法必須滌清私慾，直接體驗心中之理，因此，當門人問說看書不能明白，應當如何？陽明答曰：「此只是在文義上穿求，故不明，如此，又不如為舊時學問，他倒看得多，解得去，只是他為學雖極解得明曉，亦終身無

---

5 見《傳習錄》第168頁，〈答羅整菴少宰書〉。

得。須於心體上用功，凡明不得，行不去，復反在自心上體當，即可通。蓋四書五經不過說這心體，這心體即所謂道，心體明即是道明，更無二，此是爲學頭腦處。」[6]。

可知，陽明的哲學方法就是他的爲學方法，爲學須在心體上用功，反觀自心，不只是在文章上求通表面的字義。這種在文義上穿求的方法，就是分析法，以思辯、分解、推理、論證爲主，康德的哲學方法就是分析法。

二、康德是典型的學者，成就批判哲學

（一）接受敬虔派的教育

康德於西元 1724 年 4 月 22 日誕生在普魯士的康尼斯堡，父母均爲敬虔派的忠實信徒，工作勤勉，爲人正直，篤信宗教，所以，對其子女施行敬虔派的宗教教育，康德受到極深的感化。他對父親的記述，曾言：「我父親雖是生於職工階級，但在處世公正，遵守秩序和崇尚道德方面說來，都是典型的人物，他不負債，亦不遺我以財產，他給我的教育，從道德方面說來，可謂盡善盡美了，我每一念及此，未有不動深切感謝之念者。」。對慈母的記述，康德說：「我決不會忘記我的母親嘛，在我的心中，培植了善的萌芽而滋長的是她，她使我的心境對於自然有印象，她啓發了我的知識，她給我的教訓，在我的生涯中，遺留下了永續有效的影響。」[7]。

---

6 見《傳習錄》第 37 頁。
7 參見余又蓀譯《康德與現代哲學・康德年譜》第 1 頁及第 2 頁，商務版。

康德 8 歲（1732 年）入學，除接受敬虔派的教育外，並學習拉丁語及拉丁文學，16 歲（1740 年）入康尼斯堡大學，潛修物理學、數學、哲學及神學，31 歲（1755 年）任康尼斯堡大學額外講師，凡十五年，至 1770 年，始升任正教授。

（二）出版三大批判

西元 1781 年，康德 57 歲，出版《純粹理性批判》，1785 年，出版《道德形上學的根本原理》，1788 年，出版《實踐理性批判》，1790 年，出版《判斷力批判》，於 1804 年 2 月 12 日逝世，享年八十歲。

康德是典型的學者，唐君毅先生在《中國文化之精神價值》一書中說：「西方學者型，異於社會事業家型者，在其恒趨向於純粹理智理性之生活，不僅淡忘一般人所共有之情感生活，且常根本缺乏對環境之意志性的活動……西方大哲，如康德雖生活尚屬嚴肅，如捨其著作，則其精神之偉大處，亦不可見……故吾人必須肯定西方學者之窮老盡氣，而一生惟以著作為事，亦即所以成就其人格，此種客觀化其精神於著作之精神本身，亦自有其價值，而未可厚非。」[8]，他

8　唐君毅先生在《中國文化之精神價值》一書中，區分中西人格世界，他以為西方人所崇敬的人物，主要分為五種類型：一為社會事業家、發明家型。二為學者型：如康德、牛頓、愛因斯坦等。三為文學家、藝術家型。四為軍事家、政治家、社會改造家型。五為宗教的聖賢型。見該書第 271 頁。與西方人格世界對照之中國人格世界，唐先生以為有十一種類型：一、有功德於民生日用之人物。二、學者。三、文學家、藝術家。四、儒將與聖君賢相。五、豪傑之士。六、俠義之士。七、氣節之士。八、高僧。九、隱逸與仙道。十、獨行人物。十一、聖賢。關於聖賢人格，唐君毅先生說：「中國儒家之聖賢者，天人之

著作等身，爲人溫和，日常作息節制有度，人格高尚，是一位純潔無瑕的哲人。但是，在思想上，康德哲學可算是一種革命性的創作，不過，這種創新，受到多方面的影響。論其思想淵源，大略有以下五點：

1、敬虔派（Pietism）：17 世紀末，德國基督新教派之一，由反對路得教會而起，重感情，輕知性，史賓納（Spener）乃爲該派開祖，史賓納於 1675 年，以六事爲要，鼓吹改革，六事者如下：（1）多作私人的會合，以謀聖經知識之普及。（2）使信徒干與教會政治，並多舉行家族禮拜。（3）以躬行實踐爲主。（4）勿攻擊異端及不信者，而以親愛之情待之。（5）改革教育制度，勿使青年信徒埋頭研究學問，而忘卻敬虔的生活。（6）改說教之態度，勿逞雄辯，宜善以信仰之種，蒔諸人人心田中。[9]由於康德出生於忠誠敬虔派的家庭，且受教於敬虔派的學校，其思想深受此派的影響，他在道德哲學上所倡言之「爲本務而盡本務」的嚴肅主義[10]，可視爲是來

際之人格，持載人文世界與人格世界之人格。儒家精神，乃似現實而極超越，既超越而又歸於現實……人學爲聖賢，自古儒者，皆謂必自狂狷入……狂者之精神，恒發揚而超升，以期涵蓋，而自任至重，以擴大其人格之價值……故真正儒家之狂者之志，即爲通貫天人與古今之人格精神，並以其人格精神，改造現實社會之志。」見該書第 306 頁。從以上唐先生所論之中西人格世界之對照而言，王陽明所表現的狂者胸次，正具有聖賢型的人格。（牟宗三先生在其所著《中國哲學的特質》一書中第 85 頁上說：「理學家都具聖賢型的人格。」）而康德正是純粹的學者，走知識之路，王陽明乃走實踐之路；前者重知，後者重行，這是康德與王陽明在人格心靈上的不同，也可顯示中西哲人之異。

9 見《哲學辭典》第 767 頁，商務版。

10 嚴肅主義（Rigorism），意指康德的道德思想，康德以爲凡有所爲而爲，皆不足稱道德，惟由良心之自律，而服從道德之無上命令者，始有道

自敬虔派。此外，康德尊崇道德，終生渡其恬靜祥和，與世
無爭的日子，亦爲敬虔派信徒的寫照。

2、吳爾夫（Christian Wolff 1679～1754）：當康德年青
時，吳爾夫的哲學在德國相當流行，康德亦受其影響。吳爾
夫主張宇宙二元論，即認爲宇宙是雙重的，一爲離開一切意
識而獨立存在的宇宙實在，一爲意識所及的宇宙。後來，康
德所論述的形上學、宇宙論、知識論、道德哲學，始終沒有
放棄這種二元論。

3、牛頓（Newton 1642～1727）：英國的科學家，對數
學及物理學有極深的研究，發現萬有引力。康德對牛頓是相
當尊重的，牛頓的自然科學以感覺經驗所察覺的現象作爲思
想的材料，置感官以外的事物而不論。蓋除了經驗可得知外，
一切都是假設，這樣，一切事物必在一定時空內嚴格而機械
地被決定，如此，道德的自由便無法存在，這是牛頓的物理
學所造成的難題，康德的三大批判乃謀加以解決。

4、盧梭（Jean Jacques Rousseau 1712～1778）：法國啓
蒙運動偉大的思想家，主張人類天生自由平等，追求進步與
幸福，而以「感情」達此目的，著有《民約論》、《愛彌兒》、
《懺悔錄》、《人類不平等之起源及其基礎》等書。康德尤
其喜愛《愛彌兒》，曾因耽讀該書而誤了每日固定的作息，
成爲歷史上有名的軼事。盧梭這種平等互愛、自由民主的思
想，啓發了康德的目的論，即「汝當對待人類，永爲目的而
不僅視爲手段。」，可以說就是盧梭人類平等觀念的發揮。

德價值，蓋有不容假借不許中立之意，故云嚴肅。參閱《哲學辭典》
第 973 頁，台灣商務版。

康德自己也曾說，他本來只知埋頭研究，不顧其他，以爲若積聚了知識，就盡其能事，並且孤高自傲，輕視一般無知的人民，而自引爲快，及至受了盧梭的感化之後，始悟人性之可貴，一切的知識若對於生活沒有裨益，比之於卑俗的勞役更沒有價值。[11]

　　5、大衛・休謨（David Hume 1711～1776）：英國哲學家，對本質概念與因果關係的批評，在西洋哲學史上，發生重大的影響。休謨以爲因與果之間無所謂必然地聯結，即因果間無必然性，一般人以爲有因果觀念，其實出於反覆的經驗，乃主觀所自生。因果關係既無必然性，則本質觀念亦難存在，因吾人之所以相信有本質的存在，乃相信有果必有因，因果之間有必然性，但是，如果因果之間的必然性不存在於外物，而生於主觀之吾心，那麼，吾人即不必在感覺後假定有作爲原因之本質的存在，因此，休謨認爲本質觀念乃僞觀念，非眞觀念。

　　康德受到休謨這種懷疑論的影響，曾經公開承認休謨的哲學使他從武斷的睡夢中驚醒，而在哲學的研究上轉向另一新方面。這就是說，休謨懷疑因果律，以爲自然經驗界找不出因果，遂使康德轉向對於悟性形式或範疇的研究，完成《純粹理性批判》之大作，這是休謨思想所啓發而促成的。

　　從以上的說明，吾人可以瞭解康德的思想淵源及其時代背景，在康德的時代，歐洲哲學分爲二大思潮，一種自英國培根提倡經驗歸納方法，經洛克、柏克萊、休謨而來的經驗

11　見余又蓀譯《康德與現代哲學》第 11 頁，商務版。

主義，偏重感性，以感官知覺爲求知之源，遂生懷疑論；另一種自法國笛卡兒揭開數學演繹方法，經蘇比諾莎、萊布尼滋而來的理性主義，偏重理性，以思考爲認識之源泉，以天賦觀念爲立說基礎，造成獨斷論。康德認爲兩派皆有流弊，乃加以修正補充，調和統一，爲了避免重蹈兩派在方法上的偏失，康德另創「批判法」（Critical Method）。

（三）批判法

康德的哲學，稱爲「批判哲學」。所謂批判法，是批判認識的方法，也就是對理性加以檢查，探討其本身有無爲經驗所必接受的先天形式，或認識機能之價值如何？對於這種批評的方法，康德亦名爲「先驗的方法」（Transcendental method）。康德認爲經由此一方法，吾人可以考查理性所產生的所有判斷，是否有無普遍性及必然性。所謂「普遍性」是不依吾人經驗證明之意，所謂「必然性」即吾人之經驗不能不接受的意思。

易言之，批判法就是考查理性的本身，審查有無爲知識所必要的條件，進而去探究知識的性質，分析其要素，判定其價值，以及斷定其價值所依據的基礎。康德依此方法，將理性全盤加以檢查，他發現思想、意志、情感三者，是理性的主要形式，所以，在思想的範疇內探討知識的先驗原理，在意志的範疇內探討道德的先驗原理，在情感的範疇內探討美學的先驗原理，這是康德三大批判之沿由。

康德在《純粹理性批判》一書中所使用的批判法，事實上就是分析法和綜合法，此種方法首先確定普遍客觀的知識

之存在，乃爲既與的事實，然後分析這種知識之存在所依據
的條件，再進一步分析這種知識的基本原則之系統，這就是
康德的哲學方法。

他在《純粹理性批判》一書中所作的分析與綜合，可分
爲六個階段[12]，他以這種方法在《道德形上學的根本原理》
一書中作相類似的運用[13]。首先，康德在該書序言中認爲當
一個法則要有道德的力量，亦就是要作爲一個本務的根據而
有效時，它自身必須有絕對的必然性。例如「你不該說謊」
這個格言，不僅適用於人類而有效，對一切有理性者亦皆有
效。除此之外，其他一切的道德法則皆然。康德此一說法，
就是首先肯定道德法則的絕對必然性和普遍性是一事實。

第二步，康德進而說明這種具有絕對必然性和普遍性的
道德法則，必須是先天的，這就是說，道德法則的可能性不
依於經驗，而是根據於先天的純粹實踐理性。因爲，吾人很
難在經驗中找到「出自本務」的實例，然而，我們仍保有本

---

12 依據黃振華先生著《康德哲學論文集》65 年 8 月台初版第 93 頁上說：
　　「康德的哲學方法可分六大階段，即（一）肯定普遍客觀知識的存在
　　是既與的事實。（二）肯定普遍客觀的知識必須是先天的，即必須依
　　靠先天的條件而成立。（三）肯定先天綜合判斷的存在是既與的事實。
　　（四）分析普遍客觀知識的可能的先天條件。（五）對普遍客觀知識
　　的先天條件的先驗演繹。（六）分析基本原則的系統。在這六個階段
　　中，最根本的是第一階段，其他五個階段都是建立在這個階段上面
　　的。」

13 依據黃振華先生著《康德哲學論文集》65 年 8 月台初版第 89 頁上說：
　　「從康德的哲學方法，分析他的道德哲學的根本原理，亦分爲六個階
　　段：（一）肯定道德律的絕對必然性和普遍性是既與事實。（二）肯定
　　道德律必須是先天的。（三）肯定道德令式是先天綜合的實踐命題。
　　（四）道德令式之可能先天條件之分析－『自由』概念之發現。（五）
　　自由概念的演繹。（六）關於實踐哲學之終極界限的問題。」

務的觀念以及對於道德法則的尊敬。這是由於我們相信即使世界上始終沒有真正純粹出自本務的行為，理性能夠完全不依藉經驗，命令吾人應如何發生行為，甚至於某些行為，世上至今尚難見過一個實例。

但是，理性卻發出不可違逆的命令，命令吾人實現這些行為，例如，在這世界上或許沒有一個真正完全誠實的朋友，但是，人人結交朋友要求誠實，則絲毫不會減少分釐，因為「誠實交友」已經包含在本務觀念之中，並且吾人以為「理性在所有經驗之先，根據先天原則決定意志」此一觀念已經包含有對朋友誠實的本務。

康德在確定道德法則必須是先天的以後，再進行第三步的分析，發現道德律令是先天綜合的實踐命題，因為道德律令不依靠任何先行的假定。例如：「你不應該作假諾言許人」，只因「作假諾言」這行為本身就是不好的。所以，它不是一個分析命題，這種律令所表達的行為意願，不能從任何先行假定的目的中分析出來，也不依於出自愛好的條件，而是把行為直接的與意志連結起來，所以，道德律令是先驗的而且綜合的實踐命題。

康德在分析道德律令是先驗綜合的實踐命題之後，進而探討這個先驗綜合的實踐命題之可能性的先天條件，這是他的批判法在純粹實踐理性第四階段的分析，康德發現作為定然律令（即道德律令）如何可能的條件，就是自律。所謂意志的自律，在康德看來，即是意志自由，自由的意義有消極、積極兩方面，消極而言，即不受外在原因的決定；積極而言，即自我決定。所謂「自我決定」，意指自我立法，也就是自

律的意義。所以，道德律令如何可能的條件，就是自律，也就是自由。

　　康德在分析自由作為定然律令可能的根本條件之後，進一步作自由概念的演繹，這項演繹的目的，主要證明自由這個概念，作為定然律令的條件之合法性。康氏首先闡述自由與有理性者之間有不可分的關係，他強調「自由」必須先行被假定為一切有理性者之意志的特性，接著又說明人類除了是感性世界的一份子外，同時也是悟性世界的一份子。

　　所謂悟性世界的一份子，即指作為有理性者而存在。現在，如果確定有理性者的存在是一事實，而自由又必須是有理性者的意志之特性，那麼，自由的可能性也就成為一個事實。然而，所謂「自由」是有理性者之意志的特性，意指自由是有理性者的存在條件，如今，有理性者的存在是一事實，則自由作為有理性者的存在條件之合法性，就得到了證明，這也就等於證實自由作為道德律令（亦即定然律令）之可能條件的合法性。

　　康德對自由概念作了演繹之後，接著說明實踐哲學的極限問題，根據康氏的意見，一切實踐哲學的極限有以下五個要點：

　　1、悟性世界（World of Understanding）這個概念僅是一個觀點，當實踐理性思考（think）自己是屬於悟性的時候，它尚無踰越其界限，倘如實踐理性試圖以直覺（intuition）或感覺（sensation）覺識它自己屬於悟性世界，那麼，它就越出了界限。

　　2、如果理性企圖解釋純粹理性如何會成為實踐的，那就

越出它的界限，正如自由何以是可能的一樣，是不容解釋的。易言之，要解釋純粹理性如何會成爲實踐理性，這是超乎人類理性的能力，一切的解釋都將徒勞無功。

　　3、自由僅是一個理想的概念，它的客觀真實性不能根據自然法則，因而也不能在任何可能經驗中呈現出來。因此，自由是始終不能夠理解或領悟到的，因爲我們不能用任何種類的範例或類推加予證實它。所以，自由只是理性的一個理想的概念，自由的客觀真實性是有疑問的。易言之，自由如何可能，是不容解釋的。

　　4、吾人不能解釋人類怎麼會對道德法則發生興趣，但是，事實上，人類對道德法則確實發生興趣，這種興趣在我們本身方面的根據，就是所謂道德情感。道德情感並非吾人道德判斷的標準，而是道德法則影響意志所產生的主觀結果，只有理性纔能產生道德法則的客觀原理。換句話說，要解釋爲什麼道德會引起興趣，是不可能的事，惟有一件事是確定的，那就是，並非因爲道德引發我們的興趣，它纔對我們有效，而是因爲道德對我們有效，它纔引發我們的興趣。

　　5、雖然我們有「知性世界」（World of intelligence）的概念，但是，對這個知性世界絲毫沒有一點知識，無論理性如何努力，吾人終就得不到知性世界的知識。

　　以上，簡述王陽明與康德在哲學方法上的不同，由於彼此在方法以及人格的差異，個人所成就的思想體系遂亦有別。康德建立了道德神學，而王陽明在思想上的最高境界，是他的〈大學問〉所表達的一體之仁，第三節將詳論之。

第二節　道德修養論的異同

　　康德在《實踐理性批判》第二部份，論述純粹理性的方法學，近似宋明儒者的工夫論，那是論述道德修養與道德訓練的方法，本節將先談王陽明的修身之道，再論康德的修德方法，進而比較兩者之異同。

一、陽明的修身之道

　　陽明之學，千言萬語，只是教人實踐道德，修養人格，其修身之道，約有以下六點：

（一）立　志

　　陽明以爲立志是爲人之本，世上有立了志而無成就者，但未有不立志而能成功的人。所以，人生大患就是不能立下懇切之志，結果乃散漫度日，因循懈弛，一事無成。若能立志，則心生警戒，不致曠廢時日，荒唐玩樂。因此，陽明經常勉勵後進學者，要以立志爲先，他在〈書扇示正憲〉一詩中說：「汝自冬春來，頗解學文義，吾心豈不喜，顧此枝葉事，如樹不植根，暫榮終必瘁，植根可如何，願汝且立志。」[14]

　　陽明把立志喻爲植樹之根，種樹若只注意枝枝葉葉，而忽視根部的滋生茁壯，猶如不種其根，而徒事於枝葉培養灌

14　見《王陽明全書（二）》第 208 頁。

溉，必然辛苦無成，終歸枯瘁。陽明在〈示弟立志說〉一文裡，也有相同的比喻，他說：「夫學莫先於立志，志之不立，猶不種其根而徒事培擁灌溉，勞苦無成矣。世人所以因循苟且，隨俗習非，而卒歸於污下者，惟以志之弗立也。」[15]

這就是說不立志，將隨俗習染，苟且偷生，茫然不知所向，猶如無舵的船，不知漂泊何方？無銜的馬，不知奔走何處？陽明在〈教條示龍場諸生〉一文，以立志、勤學、改過責善相規勸，其中立志為第一要項，他說：「志不立，天下無可成之事，雖百工技藝，未有不本於志者。今學者曠廢隳墮，玩歲愒時，而百無所成，皆由於志之未立耳。故立志而聖，則聖矣，立志而賢，則賢矣。志不立，如無舵之舟，無銜之馬，漂蕩奔逸，終亦何所底乎。」[16]

可知，學問不長進，只是未立志。蓋吾人為學，最緊要的大頭腦，就是立志，真切立志，且持之以專恆，則苟志於聖賢之道德者，世俗功名將不足以累其心，猶如一心在痛上，豈有功夫說閒話，管閒事！因此，陽明教人務要立個必為聖人之心志。他說：「諸公在此，務要立個必為聖人之心，時時刻刻須是一棒一條痕，一摑一掌血，方能聽吾說話，句句得力。若茫茫蕩蕩度日，譬如一塊死肉，打也不知得痛癢，恐終不濟事，回家只尋得舊時伎倆而已，豈不惜哉？」[17]

陽明教人立個真為聖人之志，此論看似高遠，不可求得，其實不然，學者只要信得及，一念為善，念念存天理，使本

15 見《王陽明全書（二）》第 158 頁。
16 見《王陽明全書（一）》第 124 頁。
17 見《傳習錄》第 270 頁。

性之善，不為習氣所染，則惡念漸消，天理日明，為聖易矣。他說：

> 吾輩今日用功，只是要為善之心真切，此心真切，見善即遷，有過即改，方是真切功夫。如此，則人欲日消，天理日明。[18]

總之，陽明以為學本於立志，立志而學問之功已過半矣！

（二）為　學

陽明以為立志是為學之心，而為學乃立志之事，就是說，有了志向之後必須求學。為學應該是一個人成長的必經過程，但是，許多人卻對讀書感到困苦，例如看書不能明白，那該如何呢？陽明認為讀書不能明白其中的道理，必須在心體上用功，凡是不懂的地方，必須反身在自心上體當，久之能得，即可通解，所以說學貴自得。有一種人，讀書靠死記，可是又記不得，怎麼辦？陽明回答說：「只要曉得，如何要記得？要曉得已是落第二義了，只要明得自家本體。若徒要記得，便不曉得，若徒要曉得，便明不得自家的本體。」[19]

又有一種人，讀書多年，知識卻不長進，要如何用功呢？陽明認為求學須有本原，要從心體上用功，不忘栽培灌溉之力，自然能夠漸進日長。就是說，為學之方在知要，須得個大頭腦，工夫方有著落。[20]所以，陽明強調學貴專、精、正

---

18 見《傳習錄》第 71 頁。
19 見《傳習錄》第 222 頁。
20 論為學工夫，陽明說：「教人為學，不可執一偏，初學時心猿意馬，拴縛不定，其所思慮，多是人欲一邊，故且教之靜坐息思慮。久之，俟其心意稍定，只懸空靜守，如槁木死灰，亦無用。須教他省察克治，

三者，專於道、精於道、正於道，若以文詞技能為學者，則去道遠矣。因此，他認為聖人之學，惟在復心體之同然，而知識技能非其所論也。

　　既然學者學的不是知識技能，所學的是什麼呢？陽明說：「學是學去人欲存天理，從事於去人欲存天理，則自正諸先覺，考諸古訓，自下許多問辨思索存省克治工夫，然不過欲去此心之人欲，存吾心之天理耳。」[21]又說：「吾輩用功，只求日減，不求日增，減得一分人欲，便是復得一分天理，何等輕快脫洒，何等簡易。」[22]

　　去人欲存天理纔是真正為學工夫，所謂去人欲者，即去迷妄之謂，例如：見利忘義、臨難苟免、見色思淫等等；所謂存天理者，乃存養本心而無迷失，使本心常為一身之主，則吾人言行皆能隨心所欲而不踰越其自然之天則，即「執中」之謂也。這種去人欲存天理的工夫，是隨時隨地念念不可忘的，靜時要念念去人欲存天理，動時也要念念去人欲存天理，使吾心純乎天理而無人欲之雜，以學至聖人而後已。

　　其實，聖人之所以為聖，也只不過是其心純乎天理而無人欲之雜而已。去人欲存天理，是為己之學，人須有為己之心，方能反己，纔見自己有許多未盡處，能見自己是非，纔能克己。克己須要掃除廓清所有私欲，無一毫存在，若不用

省察克治之功則無時而可閒，如去盜賊，須有個掃除廓清之意，無事時將好色好貨好名等私慾逐一追究搜尋出來，定要拔去病根，永不復起，方始為快……初學必須思省察克治，即是思誠，只思一個天理，到得天理純全，便是何思何慮矣。」見《傳習錄》第 40 頁。
21　見《傳習錄》第 84 頁。
22　見《傳習錄》第 74 頁。

克己工夫，整日只是說話而已，終不見天理。能克己，方能成己，能成己，纔能成物，成己成物，君子之學也。陽明說：「君子之說，爲己之學也，爲己故必克己，克己則無己，無己者，無我也。世之學者，執其自私自利之心，而自任以未爲己，溺焉入於隳墮斷滅之中，而自任以爲無我者，吾見亦多矣。」[23]。

（三）改　　過

宋明儒者常以改過爲一生學問的核心思想，易言之，改過遷善是儒家真血脈，也是成就聖賢的成德之路，更是超凡入聖的大道。

《象山全集》卷 34 云：

> 或問先生之學，當來自何處入？曰：不過切己自反，改過遷善。

陸象山認爲古之學者，爲己自反，爲己改過，爲己遷善，不是爲了別人而切己自反，改過遷善。雖然聖人難免有過，而聖賢之所以成爲聖賢，蓋其改過遷善而已。象山強調人要自反省過，不可激烈，一時激動，不能長久，必須在平淡生活中，真實內省，一一改過，纔能落實長久。

王陽明說：

> 吾輩今日用功，只是要爲善之心真切，此心真切，見善即遷，有過即改，方是真切工夫。（《傳習錄上》）

王陽明的真切功夫，是即知即行，知行合一，此心能真

23　見《王陽明全書（四）》第 3 頁。

切，自然見善即遷，有過即改。他在〈教條示龍場諸生：改過〉中說：「夫過者，自大賢所不免；然不害其卒爲大賢者，爲其能改也。故不貴於無過，而貴於能改過……但能一旦脫然洗滌舊染，雖昔爲盜寇，今日不害爲君子矣。若曰吾昔已如此，今雖改過而從善，人將不信我，且無贖於前過，反懷羞澀疑沮，而甘心於污濁終焉，則吾亦絕望爾矣。」《傳習錄・教條示龍場諸生：改過》

陽明認爲人人都會犯錯，儘管被稱爲聖賢的人也有過失，但是爲何不妨礙犯錯的人成爲聖賢呢？因爲聖賢能改過。請大家好好內省，平常是否在言行上有過失？想必各位不會刻意犯錯，即便偶爾發生，那是因爲沒有師長的提醒教導，與同學們的相互規勸，使自己沒有察覺過失而失誤，這是無心之過，只要誠實地認錯改過。一旦能盡洗不好的習氣，即便往日曾做過盜賊，今日能改過遷善，那就是君子的德行了。或許有人會說，往日裡大家早已經認定我是個壞蛋，今天雖然我已經改過遷善，但是人們還是不會相信我，而且也不能彌補我以前犯下的過錯，於是他懷著自卑的心情來看待自己，而自甘墮落，終生如此，這樣的人就沒有什麼希望了。

（四）誠　意

陽明論修身之道，除了立志、勤學外，尚有誠意工夫也非常重要。依四句教所云：「無善無惡心之體，有善有惡意之動，知善知惡是良知，爲善去惡是格物。」這四句教的第二句「有善有惡意之動」是關鍵所在，照陽明的意思，「意」是心之所發動，心體至善，到了意念發動便有善惡之別，因

為意念發動往往牽連於私欲（軀體），順軀體欲望起念者為惡，不順軀體欲望起念者為善。因此，善惡、是非、義利之辨，皆須在「意之動」處著實用功。

陽明說：「心之發動不能無不善，故須就此處著力，便是在誠意，如一念發在好善上，便實實落落去好善，一念發在惡惡上，便實實落落去惡惡，意之所發既無不誠，則其本體如何有不正的？」[24]又說：「欲誠意，則隨意所在某事而格之，去其人欲而歸於天理，則良知之在此事者無蔽而得致矣，此便是誠意的功夫。」[25]

可知，誠意只是循天理，不著一分私意，好善如好好色，惡惡如惡惡臭，這種工夫說的容易，力行較難，例如意雖知好善惡惡，但是，不知不覺又夾雜私意在其中了。所以，不論有事無事，皆須從己之獨知處立誠，蓋此獨知處就是誠的開端，能在獨知處立誠，然後纔能著實用意去好善惡惡，為善去惡，但工夫難處尚在格物致知上，蓋誠意之本，在於致知，下手處在格物。陽明說：「君子之說，以誠意為主，格物致知者，誠意之功也。」[26]

「誠意」出自《大學》首章，陽明認為《大學》工夫只是誠意，《大學》之要，也是誠意而已[27]，所以說誠意是學

---

24 見《傳習錄》第 262 頁。

25 見《傳習錄》第 193 頁。

26 見《王陽明全書（二）》第 14 頁。

27 陽明在〈答王天宇〉一文中說：「《大學》之所謂誠意，即《中庸》之所謂誠身也。《大學》之所謂格物致知，即《中庸》之所謂明善也。博學、審問、慎思、明辨、篤行，皆所以明善而為誠身之功也，非明善之外，別有所謂誠身之功也。格物致知之外，又豈別有所謂誠意之功乎？」見《明儒學案》第 93 頁。

問的大頭腦處，也是聖門教人用功第一義，而誠意的工夫，卻是格物致知。他說：「所謂人雖不知而己所獨知者，此正是吾心良知處，然知得善，卻不依這個良知便做去，知得不善，卻不依這個良知便下去做，則這個良知便遮蔽了，是不能致知也。吾心良知既不得擴充到底，則善雖知好，不能著實好了，惡雖知惡，不能著實惡了，如何得意誠？故致知者，意誠之本也，然亦不是懸空的致知，致知在事實上格，如意在於為善，便就這件事上去為，意在於去惡，便就這件事上去不為。去惡固是格不正以歸正，為善則不善正了，亦是格不正以歸於正也。如此，則吾心良知無私欲蔽了，得以致其極，而意之所發，好善去惡，無有不誠矣。誠意工夫實下手處在格物，若如此格物，人人便做得，人皆可以為堯舜，正在此也。」[28]

（五）主　敬

敬是宋代儒學家非常看重的一種修持工夫，伊川所謂「涵養須用敬，進學則在致知」，「敬」成了修身之道。然而，陽明論敬，又有所不同，他以為居敬、窮理、盡性三者只是一事，這一說法，有異於一般學者的主張，《傳習錄》上篇記載梁日孚與陽明問答，詳說此意。

梁日孚問陽明：「居敬、窮理是兩事，先生以為一事，何如？」陽明答曰：「天地間只有此一事，安有兩事。若論萬殊，禮儀三百，威儀三千，又何止兩，公且道居敬是如何？

28　見《傳習錄》第 262 頁。

窮理是如何？」曰孚說：「居敬是存養工夫，窮理是窮事物之理。」陽明問：「存養個甚？」曰孚答：「是存養此心之天理。」陽明說：「如此，亦只是窮理矣。」陽明問：「且道如何窮事物之理？」曰孚答：「如事親便是窮孝之理，事君便是窮忠之理。」

陽明問：「忠與孝之理在君、親身上，在自己心上？若在自己心上，亦只是窮此心之理矣。且道如何是敬？」曰孚說：「只是主一。」陽明問：「如何主一？」曰孚答：「如讀書便一心在讀書上，接事便一心在接事上。」陽明曰：「如此則飲酒便一心在飲酒上，好色便一心在好色上，卻是逐物，成甚居敬工夫！」曰孚無話可說，請問陽明。

陽明說：「一者，天理，主一是一心在天理上，若只知主一，不知一即是理，有事時便是逐物，無事時便是著空，惟其有事無事，一心皆在天理上用功。所以，居敬亦即是窮理，就窮理專一處說，便謂之居敬，就居敬精密處說，便謂之窮理。卻不是居敬了別有個心窮理，窮理時別有個心居敬，名雖不同，工夫只是一事……」曰孚又問：「窮理何以即是盡性？」

陽明答曰：「心之體，性也，性即理也。窮仁之理，真要仁極仁，窮義之理，真要義極義，仁義只是吾性，故窮理即是盡性，如孟子說充其惻隱之心至仁不可勝用，這便是窮理工夫。」[29]以上這一段對話，陽明解說居敬即是窮理，窮理即是盡性，三者只是一事。蓋居敬是存養此心之天理，窮

---

29 見《傳習錄》第 87、88、89 頁。

理是窮究吾心之天理，盡性是窮盡心中之天理，三者皆一心在天理上用功，故謂同一工夫也。

陽明主敬之說，不分有事無事，隨時常懷敬畏之心，戒慎不睹，恐懼不聞，無事時靜坐體悟，有事則在事上磨練做工夫。陽明認為若心常覺紛擾，則靜坐，以求收斂，但非空幻枯坐，靜坐時，須將好名好色好貨等劣根，逐一搜查，掃除廓清，使心之本體存而勿失，遇事時，纔不昏昧放逸，無論有事無事皆能昭明靈覺，乃為居敬也。

（六）集義致良知

有人夜間怕鬼，求教陽明。陽明認為晚上害怕鬼魂，只是因為平日不能集義，如果心地光明，言行合於神明，平日又能集義，則浩然之氣至中至正，充塞天地之間，自然能夠富貴不能淫，貧賤不能移，威武不能屈，還怕什麼邪魔鬼怪呢？

上文提到的「集義」一詞，出自《孟子・公孫丑上》：「是集義所生者，非義襲而取之也。」集義者，謂事事皆合於義，乃言心得其宜，隨時表現正當之義，以為其所當為之事。

陽明以為若時時刻刻能就自己心上集義，則良知洞然明白是非，絲毫莫遁，此心自然不動，所行亦無不合宜，故君子為學，終身只是集義而已。陽明說：

> 君子之學終身只是『集義』一事，義者，宜也，心得其宜之謂義，能致良知則心得其宜矣。故集義亦只是致良知，君子之酬酢萬變，當行則行，當止則止，當生則生，當死則死，斟酌調停，無非是致其良知，以

　　　求自慊而已。[30]

　　陽明認爲孟子的集義，就是致良知，蓋兩者皆合心得其宜，說集義，一時或許未見頭腦，講致良知，即當下就有實地可用功，能用功於集義致良知，就是「必有事焉」，不必說心勿忘，勿助長，也不致於溺空枯寂，成了一個癡呆漢。陽明在答聶文蔚書中說：「近歲來山中講學者，往往多說『勿忘助長』工夫甚難，問之，則云纔著意便是助，纔不著意便是忘，所以甚難。區區因問之云：『忘是忘個甚麼？助是助個甚麼？』其人默默無對，始請問。區區因與說：我此間講學，卻只說個『必有事焉』，不說勿忘勿助。必有事焉者只是時時去集義，若時時去用『必有事』的工夫，而或有時間斷，此便是忘了，即須『勿忘』，時時去用『必有事』的工夫，而或有時欲速求效，此便是助了。即須『勿助』，其工夫全在『必有事焉』上用，『勿忘勿助』只就其間提撕警覺而已，若是工夫原不間斷，即不須更說『勿忘』，原不欲速求效，那不須更說『勿助』，此其工夫何等明白簡易，何等灑脫自在！」[31]。

　　這一段文，提到「必有事焉」及「勿忘勿助」，這兩句同出於《孟子・公孫丑上》，原文是：「必有事焉而勿正，心勿忘，勿助長也。」「必有事焉」那是時時去集義，不斷地致良知，不要空談枯坐，沈空溺寂，終日茫茫蕩蕩，成了呆漢，誤了一生。

　　以上簡述陽明修身之論，共計五點，即立志、爲學、誠

---

30 見《傳習錄》第 162 頁。
31 見《傳習錄》第 179 頁。

意、主敬、集義致良知。致良知是工夫的起點，也是修身之道的終點，陽明的工夫指點，終必歸於致良知。

二、康德純粹實踐理性的方法學

康德所謂純粹實踐理性的方法學，並不是把它解釋作：為了得到純粹實踐原則的科學知識，所著手從事於研究或解說之方法，相反，這裡所稱為方法學（方法論），意指我們能將純粹實踐理性的法則確實沁入人心，而影響其格準的一種方法，這就是說，我們能使客觀的實踐理性成為主觀實踐的理性。

當然，不可否認的，為了使無知者或已墮落的人走上道德之路，首先需要使用一些誘導方法，或見其有利可圖，或以畏懼損傷予以恐嚇。但是，一旦這種初步做法發生若干效果之後，我們必須啟發他內心之純粹的道德動機，這不僅是因為只有這個純粹的道德動機，纔能當作品格（即與那始終不變的格準相符一致的實踐習慣）的根基，而且也因為這個純粹的道德動機，能教人感覺自己的價值，給他一種自己也料想不到的精神力量，叫他從一切感性依戀中超脫出來，而不受其支配。

這種由純粹的道德動機引申出之行為的道德價值，是一個相當敏感的問題，當我們參加各種座談會時，就是有關於形成某人品格之行為的道德價值，最能打破沈悶的空氣，而為大家所津津樂道。如果一旦涉及某人的善行或惡行之道德意義時，大夥就立刻參與爭辯，形成兩大對立，一方面，某

些人在評斷他人（特別是已亡故者）之善或惡時，似乎傾向於維護那人的整個道德價值，而對於邪惡的虛僞，內心的不誠實，不予挑剔，且反對非難。

　　另一方面，有些人正相反，他們以極嚴格的態度，即依照一個不變的法則，決定行爲之真正的道德意義相較，惟與這種法則相比，而不是與人生範例相較，纔能在道德意識上抑制自大與虛妄，教人確實感到謙卑。但是，縱然如此，我們很容易觀察到，凡是以維護某個行爲範例爲目的的人們，他們急想掩飾內心不實，立意不誠之污點，恐怕一切範例的真實性皆被置疑，導致爭辯，而揭穿其虛僞。其實，如果所有爭辯的範例以及一切人類的德性，其純淨性皆被否定，則人類的德性終就只是一個全然的妄想，因而一切努力以達成德性者，只不過是無益的矯飾與欺瞞的自大。

　　所以，教育工作者從事教導青年時，應當從歷史人物的傳記中，尋找諸先賢所實行過的許多本務事例，研究在不同時代與環境下的相類似行爲，比較其高或低的道德意義，使青年多多運用理性，養成他們對道德的獨立判斷之能力，我們可以看出，即使是很年輕的學子，對於道德的批判是相當敏銳而且很感興趣的。

　　因此，教育工作者要經常訓練學生，如何知道並且贊許全然純淨的善行；另一方面，也要經常訓練學生，以輕蔑的態度來批判那些不合德性的越軌行爲，如果能夠培養學生純然關注行爲，或值得贊賞抑或應該責備的習慣，必可爲青年將來生活中的正直品格奠下良好的基礎。

　　換句話說，今天我們教導青年的方法，就是要持用平常

簡易而且篤實的本務觀念，來作為道德典範，以訓練青年的領悟力，期望他們對最平凡的本務，能有正確的批判與評估，且遵行不輟。例如：某一位正人君子，被勸誘（軟硬兼施）誹謗且誣告一個無罪的人，如果他同意這樣做，就可以得到許多好處，如果他拒絕，則要吃很大的虧，然而，他毅然拒絕了（不去誣告一個無罪的人），這種正直而公道的行為，其動機如果純粹出於遵守本務的話，將會使一般人受到很大的感動，因為這正是對道德法則的尊敬，因而也具有一種內在的人格尊嚴，唯有這樣，這纔具有最真實的感動力，而能沁入人心。

又如某人冒生命的危險，急力搶救沈船中之人，自己終遭喪命，我們對這種英勇救人的義行，雖然表示崇敬，但因他對自己的本務有所虧欠（本章第一節論本務一文，分對己與對人之本務，犧牲自己，有虧對己本務，未盡維持自己生命之本務，雖然完成對人之本務。）同樣的道理，為救國而從容就義，慷慨犧牲，這種行為也不足仿傚。（蓋有虧於對己之本務，不能算是盡了完全的本務。）

所以，純粹實踐理性的方法學應有以下之程序：首先，第一步驟，我們僅依照道德法則去判斷，使其成為自然之事，這無論是對自己的自由行為或觀察他人的行為，並且把這種判斷養成為一種習慣。另外，還有一點必須加予注意的問題就是：這行為是否亦主觀地為道德法則之故而被作成，則此行為不僅是當作一事實而為道德地正確的，而且因著行為所依之以被作成的那格準，它當作一意向（Disposition）也有道德的價值。現在，這種練習，以及關於那理性在實踐判斷

上的修養，必逐漸產生某種一定的興趣，甚至感興趣於理性自己的法則，因而對道德地善的行為有興趣，這是無可置疑的。但是，判斷機能的這種訓練工作，只使我們感到自己的認知能力，還不是有興趣於（Interest 或譯為關心）各種行為，及其道德自身，它只不過使我們樂意做這樣一種判斷而已。

　　於是，第二步的訓練開始（進行工夫的修養），那就是依著範例而來的道德品格之生動活潑地展示，在此表現中，我們特別注意意志的純潔性（The purity of will），這種意志的純潔性起初只呈現消極圓滿的意義。此即表示一個依本務而被作成的行為，其決意不受性好的影響，藉此意志的純潔性之修養工夫，受教育訓練者的注意力，就集中在他自由的自覺意識上。雖然這種棄絕性好最初會引起一種痛苦之感，但因真正解除了欲求的束縛，他把所有糾纏著自己的欲望所生的無窮煩惱（不滿足）一齊拋開，其內在心靈亦可如釋重擔，而另外接受其他源頭而來的滿足之感，此時，由於我們服從本務。

　　所以，本務的法則有積極的價值（這種積極的價值是因為我們遵守本務所感受到的），此即是說，本務的法則在我們的自由意識中，通過自我尊敬而更容易沁入內心，一旦這種自我尊敬建立起來，一個人就無所畏懼，惟一懼怕在自我省察之餘，看出自己為無價值而且是卑鄙的。若是如此，則一切善的道德意向，即可被結合到這種自我尊敬上去，因為自由的意識乃防止卑鄙的（不名譽的）和腐敗的動機，闖進內心而影響心靈之最佳的唯一守護者。

　　以上就是康德所提關於道德修養和道德訓練的方法學之

最具一般性的意志格準，至於種類繁多的各項本務，由於皆需要對每一本務有特殊的限定和釋義，這必是一件冗長之事，無法簡論，所以整個說明到此為止。

　　從以上所論王陽明與康德對道德修養及訓練的大要中，筆者僅提出三點，簡述兩者之異同：

1.成德目的相同

　　陽明修身之論，主要目的在於教人如何成就一個完美的人格，這種成德工夫也是儒家終極關心的問題，陽明講學宗旨只是教人為善去惡，克去私意，體認天理，致其良知，他在答顧東橋書裡，提出「拔本塞源之論」，就是說明成德之教的大要。

　　陽明說：「夫拔本塞源之論不明於天下，則天下之學聖人者，將日繁日難，斯人淪於禽獸夷狄，而猶自以為聖人之學……天下之人心，其始亦非有異於聖人也，特其間於我之私，隔於物欲之蔽，大者以小，通者以塞，人各有心，至有視其父子兄弟如仇讐者。聖人有憂之，是以推其天地萬物一體之仁以教天下，使之皆有以克其私，去其蔽，以復其心體之同然……此聖人之學所以至易至簡，易知易從，學易能而才易成者，正以大端惟在復心體之同然，而知識技能非所與論也……蓋至於今，功利之毒淪浹於人之心髓，而習以成性也，幾千年矣……記誦之廣，適以長其傲也；知識之多，適以行其惡也；聞見之博，適以肆其辯也；辭章之富，適以飾其偽……所幸天理之在人心，終有所不可泯，而良知之明，萬古一日，則其聞吾拔本塞源之論，必有惻然而悲，戚然而

痛，憤然而起，沛然若決江河，而有所不可禦者矣。」[32]

　　又陽明在答聶文蔚書中，亦曰：「僕之不肖，何敢以夫子之道爲己任，顧其心亦已稍知疾痛之在身，是以徬徨四顧，將求其有助於我者，相與講去其病耳。今誠得豪傑同志之士，扶持匡翼，共明良知之學於天下，使天下之人皆知自致其良知，以相安相養，去其自私自利之蔽，一洗讒妒勝忿之習，以濟於大同。」[33]。

　　陽明這種修身之道及倡明良知之學的思想，與康德所謂純粹實踐理性的方法學及其他有關善意、目的王國論等思想頗相契似，蓋康德的方法學之目的，亦在於成就個人的道德人格，所以說兩者的目的相同。康德方法學的第一步驟是教導我們僅依照道德法則去判斷，並把這種判斷養成習慣，這一點近似陽明教人一心皆在天理上用功，有了主一居敬的工夫，良知自然能夠知善知惡。

　　康德方法學的第二步驟，即訓練我們意志的純潔性，專注於自由的自覺意識上，真正解除欲求的束縛，把所有糾纏自己欲望所生的無窮煩惱一齊拋開，使本務的法則沁入人心，建立自我尊敬。康德此一說法亦近似陽明所謂誠意工夫，下手處在格物致知，真正做到去人欲存天理，使吾心純是天理而無人欲之雜。

2.道德意識相同

　　所謂道德意識相同，意指陽明與康德皆從嚴肅的道德意識出發，都在自己生命本身上，體認道德的存在。康德在《實

32　見《傳習錄》第 129～134 頁。
33　見《傳習錄》第 177 頁。

踐理性批判》的結論上第一句話便說：「有兩件事，我們愈是不間斷地深思它們，就愈增加吾人新的讚美和敬畏，那就是在我頭上的繁星天體以及在我內心之中的道德法則。」康德以爲道德法則可以無限地提升吾人的存在價值。康德對道德法則表示敬畏，表現一種強烈的道德意識，這在西洋哲學史上，是很突出的一位哲人，亦頗近似陽明主敬之說，隨時常懷敬畏之心，戒慎不睹，恐懼不聞，無論有事無事，皆能昭明靈覺。

由於康德重視道德，強調良善意志（good will）的重要性以及人的尊嚴，因此，主張以良善意志爲人生的主導，並且不能把人當作工具，不能以手段利用他人，而要把人作爲目的看待，因爲人的存在，其存在自身就是目的。康德這種良善意志說和目的論，與陽明拔本塞源論，同樣表現一種非功利的純德思想。

3.個人成就的道德人格不同

雖然，陽明與康德在道德修養論上，有兩點非常近似的類同（成德目的相同、道德意識相同）。但是，由於雙方在哲學方法上的不同（詳見本章第一節），因此，個人成就的道德人格亦有別，陽明表現一種狂者的胸次，具有聖賢型的人格，唐君毅先生說：「中國儒家之聖賢者，天人之際之人格，持載人文世界與人格世界之人格。儒家精神，乃似現實而極超越，既超越而又歸於現實……人學爲聖賢，自古儒者，皆謂必自狂狷入……狂者之精神，恒發揚而超升，以期涵蓋，而自任至重，以擴大其人格之價值……故真正儒家之狂者之志，即爲通貫天人與古今之人格精神，並以其人格精神，改

造現實社會之志。」見（《中國文化之精神價值》第 306 頁。）

可知，王陽明所表現的狂者胸次，正具有聖賢型的人格。（牟宗三先生在其所著《中國哲學的特質》一書中第 85 頁上說：「理學家都具聖賢型的人格。」）在立功、立德、立言三方面皆有成就；而康德的道德人格，雖有不凡之處，卻大抵在其著作中表現，似乎在立言方面比較有突出的成就。

第三節　道德神學與〈大學問〉的異同

一、建立道德神學

由於康德在哲學方法上的創新，以及對思辯理性與實踐理性的層層分析，終於在《實踐理性批判》第一部份第二卷〈純粹實踐理性的辯證論〉中建立了道德神學。道德神學的產生乃因界定「最高善」之後，形成了實踐理性的二律背反（Antinomy），究竟道德與幸福在最高善之中的關係如何？康德認爲惟有在「幸福隸屬於道德」這種關係之下，最高善纔是純粹實踐理性的全部對象。這就是說，道德是最高善的第一條件，而幸福必須被道德所制約，而且是道德的必然結果時，幸福纔是最高善的第二要素。由於道德與幸福皆存在於最高善之中，康德以爲道德可引至靈魂不滅（The immortality of the soul）的假定（Postulate），而幸福則引至上帝存在（The existence of God）的假定。

康德在建立道德神學之前，首先在《純粹理性批判》一書中，批判了由理性的思辯原理所建構成的一切神學。在《純粹理性批判》卷二第三章第三節〈思辯理性證明最高存有之論證〉一文中，康氏認為如果我們承認某種事物存在，不論這事物是什麼，那麼，我們亦必須承認有某種事物必然地存在。因為偶然存在的事物，只在作為其原因的另外一偶然存在的事物之條件下，纔能存在，而那個存在的原因又須推論另一原因，直至推到不是偶然的一個原因，即成為無條件的必然，這就是理性所根據以推至「最初存有」的論證。

歸結地說，思辯理性僅有三種可能方法證明上帝的存在，第一是從確定的經驗以及因此經驗而知的感覺世界的特殊構造開始，依照因果法則，層層追究至超出這個感覺世界之外的最高原因；第二是從純粹不確定的經驗開始，意即是說，以一般存在的經驗為基礎，推論到最高原因；第三是排除一切經驗，完全先驗地從純粹概念思辯，推論至最高原因的存在。

第一種證明稱作自然神學（Physics theological）的論證，第二種證明是宇宙論（Cosmological）的論證，第三是本體論（Ontological）的論證。除了這三種論證外，再也沒有其他的方法，但是，理性無論從經驗或先驗之路，只憑思辯的能力超越感覺世界之外，皆屬徒勞無效。

（一）批判本體論證

所以，上述三種上帝存在的論證，本體論證最為基本，其他兩種論證最後皆歸到本體論之中。康德首先批判本體

論,以為此一論證不能證明上帝存在。他所謂的本體論,意指聖安沁(St. Anselm)和笛卡兒等人的思想,聖安沁是中世紀哲學家(1033～1109),最先提出上帝存在的本體論證(Ontological Argument),他以為每一個人都有上帝的觀念,而上帝是被想像為最崇高的,沒有任何事物比上帝更偉大。既然上帝是最偉大的,那麼,它不僅應該存在於想像或理解之中,也應該存在於實際之中,否則,上帝就不能算是最偉大的。

此一論證,亦可以另一方式表示,即每一個人都有上帝的觀念,而上帝是被設想為最完全的,既然是最完全的,那麼,應該包涵存在,否則,不能算是最完全。歸結地說,無論我們認為上帝是最偉大或最完全,吾人都必須同時承認上帝的存在,這就是聖安沁的本體論證。笛卡兒的上帝觀亦由此而引申,笛氏以為上帝的存在與上帝的要素不可分,吾人思及上帝為全知、全能、獨立存在,絕對完全之性質時,亦必思及上帝的存在。

此一論證的思想大要表示如下:最完全的存有觀念必然包涵存在,因為它如果不包涵存在,那麼,它就不是最完全的觀念,因此,如果我們有最完全的存有觀,則必然存在。易言之,最真實的存有觀是絕對而必然的存有觀,如果這樣的一個存有是可能的,則它即存在,因為僅只想像可能而非實際存在的存有是一矛盾,一個絕對而必然的存有觀念是一個可能的存有觀念,所以,一個最真實的存有觀(即上帝)存在。

對於上述的本體論證,康德有極嚴厲的批評。他指出,

在思想上我們思及一個三角形，必然同時想到有三個角的存在（蓋三角形有三個角），所以，有一個三角形的存在而無三個角是不可能，這和有上帝的觀念而上帝不存在為不可能是相同的道理。但是，「三角形必有三個角」這個命題，並不表示三個角必然存在，而只表明如果三角形存在的話，則三個角必然存在，這種邏輯的思考，只表示「如果某甲存在，則某乙也存在」的必然關係，既然不能證明有三角形的存在，也不能證明有三個角的存在。

本體論的錯誤，在先天的構成某一事物的概念，而概念的內容則使之包含存在，然後以為可以推論說，因為存在必然的屬於概念的對象，所以，這一事物便必然的存在。其實，這存在只是思想上的推理，概念中的想像而已。在思想上假設有一個三角形的存在而不假設有三個角的存在，這是矛盾，但是，如果設想三角形及三個角都不存在，這當然可能而且沒有矛盾。

同樣的道理，如果在思想上消除上帝的觀念，那麼，同時也消除了上帝存在及其賓辭，如最偉大、最完全等，這亦無矛盾之處。況且，存在是屬於經驗範疇而不屬於思想範圍，吾人不能由純粹思想而證明某一對象的存在。易言之，純然概念的完整，並不表示其真實的存在，例如，窮人可以有一萬元的完全概念，但卻無補其口袋空空。

以上所述，顯然可知，一個絕對必然存有的概念，只是純粹理性的一個概念，並僅是一個純然的理念而已，這個理念的客觀實在性，不能因為理性的要求而被證明。在經驗上，我們或許隨意製造了一個事物的先驗概念，在其意義下包括

了真實存在，豈知那概念只是任意假設而已，其真實存在與否尚不得而知。

　　因此，無論一個對象的概念包含什麼，如果要把存在歸給對象，我們必須走出此一對象的概念之外，在感覺的對象之中，依照經驗的法則，把對象跟某一知覺相連結，這樣，「存在」纔可被歸結「對象」。但是，就純粹思想的對象而論，吾人無法認知此種對象的存在，因為此種對象的存在，必須完全依於先驗的方式纔被認知，可是，我們對於所有存在的意識，都專屬於經驗的領域，任何存在超越出經驗的範圍，我們雖不能宣佈其為絕對不可能，但是，只屬於一種假定，無法證實。

　　所以，康德說：「想依借笛卡兒有名的本體論證，企圖建立一個最高存有的存在（The existence of a supreme being），只是空費心力，徒勞無功而已。我們不能憑依純粹理念而擴展吾人理論上知解的洞察力，正如一個商人不能因為在現金簿上加了幾個零，就能增加其資產。」[34]

（二）批判宇宙論證

　　批判了本體論證之後，康德接著說明宇宙論證不可能證明上帝的存在。宇宙論證的大意是說：如果有任何事物存在，那麼，一個絕對必然的存有亦必須存在。現在，至少我存在，所以，一個絕對必然的存有必須存在。在這個三段論式的推理中，小前提含有經驗界之現象的存在，大前提是從一般經

34　見 Norman Kemp Smith 英譯《純粹理性批判》第 507 頁。

驗推論到必然者之存在,由這種推論所得的結論,那「絕對必然存有」卻不包含任何內容,只不過是一個假定而已。

所以說,宇宙論證是從經驗界的偶然存在,推論出絕對必然存有之存在,這種推論的基礎,是依據所謂「想像的自然因果性之先驗法則」(The supposedly transcendental law of natual causality),此一法則表示如下:凡是每一偶然的事物必有一個原因,這個原因如果也是偶然的(Contingent),則它必須又有一因,如此推因,直至歸結於一「絕對必然的原因」。如果沒有「絕對必然的原因」,則此推理即無完整性。

康德認為這種「先驗的原則」(The transcendental Principle)(即每一偶然存在者皆有一原因),只不過是一種武斷的假定,我們依此先驗的原則,從偶然存在者推論出有一個原因。但是,這個先驗的原則只可應用於感覺世界(The sensible world),超越出感覺世界之外,它便毫無意義,蓋因果的原理只能應用於感覺世界之內,然而,宇宙論證卻把這因果原理用於感覺世界之外。此外,在感覺世界內所出現的連續推因,而歸結到一個第一原因,但是按照理性的使用原則,即使在經驗世界之內也不能證實有一個第一原因的結論,何況超出這個經驗世界之外呢?

所以,一個必然存有的存在之一切先驗的證明,都屬於辯證的幻覺(假像)吧了!這種錯誤的觀念是把必然性的概念和最高實在性連結一起,而且把一個純粹的理念予以真實化和具體化。

以上兩種論證(本體論證及宇宙論證)皆不能證明上帝的存在,那麼,只剩下一種方法可以嘗試,就是以確定的經

驗（即現存世界中事物之經驗）以及這些事物的組織構造和秩序為基礎，是否可以幫助我們達到一個最高存有之存在的堅實信念，這就是自然神學的論證。提到自然神學，總讓人覺得它是最資深、最明顯，也最能迎合人類通常理性的胃口，更值得人人對之表示敬畏者。

（三）批判自然神學

關於自然神學的重點，大約有下列四項：（一）在此世界中，我們到處可以發現一種有明顯信號的秩序，正與一個確定的目的相符合。（二）這些紛散不同萬物，如果不是由一井然不亂的理性原則，依照某些基本的理念所設計，就無法把各種工具之不同方法，調和合作，以實現那些確定的最後目的。（三）因此，有一個崇高而明智的原因，此原因必為這個世界的原因，其為此世界的原因，是通過「自由」，當作「睿智體」（intelligence），而為世界的原因。（四）這個原因的統一性，可以從世界各個部份之間相互關係的統一而被推知，只要當我們的觀察在其證實上為足夠時，這種推知是有確定性。若是超出我們的觀察之外，則是依照類推原則（The principles of analogy），以蓋然性（Probability）而被推知。

對於自然神學的論證，康德雖頗為欣賞，但也加予批判，他認為從自然界如此高度的巧妙安排，與人為事物的合目的性相類推，只能證實世界上有一個「建築師」，而不能證明有一個宇宙的創造者。因為自然神學所依的是類推原則，類推沒有必然性，所以，這個論證不能確切推知有一最高存有

之存在，沒有人敢於讚嘆宇宙的和諧秩序之餘，斷言有一個最高智慧的創造者存在。

雖然，我們可以在世界上到處見到事物的和諧秩序及其目的性，並以此爲證據，而推論出一個類比的原因，這個原因或許被形容爲「最偉大的」、「全知全能」、「不可度量」等等，雖然它具有許多的賓辭，但是，並不構成少許確定的概念，沒有告訴我們它本身究竟是什麼，那些賓辭只不過是讚美詞而已。事實上，沒有人知道宇宙秩序和最高智慧的關係，廣大的世界與全能創造者的關係，世界的統一性與創造真宰的絕對統一之關係等等，所以，自然神學論證不能提供關於世界最高原因的任何確定性的概念。

自然神學雖以經驗爲基礎，從宇宙的秩序，萬物的存在，世界的美麗出發，但是，在推論出宇宙的創造者之後，就脫離了經驗範圍，純粹從先驗的概念來推證這宇宙創造者的實在性，因此，把最高實在性賦與它，這就走回宇宙論證的老路，而宇宙論證又建築在本體論證的基礎上，所以，三者皆不能證明上帝的存在。

因此，康德堅持：一切試圖在神學中依據任何純粹思辯的方式去使用理性，必遭致毫無結果，在本質上就是無效的和虛空的。再者，在自然的研究中，理性所使用的一些原則，也不能導至任何神學，結果，那唯一可能的理性神學，只有基於道德法則或由道德法則而尋求指導的神學。這種把最高主體存在的信念，建立在道德法則之上的，就叫道德神學，它是從道德的秩序和完全性，推證出一最高睿智者的存在，不過，這種推斷必須在實踐的知識中纔有可能（我們的知識

區分為兩種，一為理論知解的知識，一是實踐的知識。所謂理論的知識，是我們使用理性認識「存在」所得的知識；所謂實踐的知識是我們使用理性認識「應存在」所得的知識。）

因為，在實踐的知識中，當道德的判斷完成時，就必然的先行假定有一獨立自由的最高睿智者（即上帝）的存在。因為，道德要求幸福與德性一致，有德者必有幸福，但在現實世界上往往並不如此，因此，道德的判斷必然要求上帝存在以及靈魂不滅，所以，獨立自由的最高睿智者（上帝），在知解理性的理論知識中，不能證明其存在，而在實踐理性的實踐知識中得到了它的實在性。易言之，康德乃由實踐的理性而重新設定上帝的存在，以為道德實踐的保證。[35]

康德在《實踐理性批判》第一部份第二卷第二章第四節，首先說明靈魂不滅為純粹實踐理性的一個假定（Postulate）。康氏認為在這個世界上實現最高善，仍是意志的必然目標（此意志可被道德法則所決定），然而，在這樣的意志中，心靈

---

35 康德之所以能由實踐的理性設定上帝的存在，因依康德，純粹的理性所說的理性與實踐的理性所說的理性，雖然同為人的理性，但二者的功用則彼此不同。因前者主要是提供人先驗的範疇，應用於經驗對象上，以成就經驗的知識，後者則為人提供道德律則，作為人的道德行為或道德選擇的準則。故人要建立知識必需依照純粹的理性的知性範疇去建立，由此而建立的知識，即必受知性範疇自身功用的限制……知性範疇只限應用於經驗界，由經驗事實上不能說上帝的存在，故由純粹的理性上即不能證明上帝的存在。但實踐的理性所提供的，既不是建立經驗知識的條件，而是道德的行為或道德的選擇的律則，由此律則以完成人的最完全的道德，以滿足提供律則者的道德的理性的要求。故為了要滿足此一要求，我們必須肯定一上帝，以為完成最完全的道德的保證或依據。故我們即可並必須由實踐的理性中設定一上帝。見李杜著《中西哲學思想中的天道與上帝》第 271 頁，聯經出版事業公司。

與道德法則的完全符合（或謂：意向完全適合於道德法則）
是最高善的至上條件。因此，心靈與道德法則的完全符合必
須是可能的，恰如最高善之爲可能的一樣，因爲「心靈與道
德法則的完全符合」是包含在促進最高善的命令中。

　　但是，意志完全符合於道德法則是神聖的，這一種完美
與圓滿的神聖，任何在感覺世界中的每一理性存有，在其有
生之時都不能具有之。但是，因爲它被要求爲實踐地必然，
所以，完全的符合只能被發現在一無限的進程中，基於純粹
實踐理性的原則，去假定這樣一種實踐的進程，作爲我們意
志的真實目標，乃是必要的也是必然的。[36]

　　然而，這種無限的進程，只有假定在理性存有的存在及
其人格是無限延續上，纔有可能。此一「理性存有的存在及
其人格是無限延續」之旨意，就叫做靈魂不滅（The
immortality of the soul），這樣，最高善只有在靈魂不滅的假
設上，纔有實踐地可能的，結果，由於靈魂不滅和道德法則
密不可分，所以，靈魂不滅是純粹實踐理性的一個假定。（所
謂純粹實踐理性的一個假定，依照康德所說，意謂是一理論
的命題，雖不可證明，但卻是一個先驗的，無條件的，妥當
的實踐法則之必然結果。）

　　關於我們只有在無限的進程中，纔能完全適合（Complete
fitness）道德法則，這個原則是非常有用的，它不僅能補充

36　康德以爲心靈（意志、意向）完全符合於道德法則是完美的、圓滿的、
　　神聖的、而且必須是可能的，但卻要在無限的進程之中，在靈魂不滅
　　的假定上，纔有可能。儒家則肯定其真實性的可能，現世頓時可能，
　　且不與無限進程相衝突，此說非康德所允許，亦非康德所信知。

思辯理性的無能，對宗教亦有益處。如果沒有這個原則，將有兩種情況發生，其一是道德法則完全從它的神聖性被貶落下來，流於任性的放縱而順從於我們的私慾；其二是人們濫用他們的要求，期望於不可達到的目標，希望獲得意志的完全神聖，這樣，他們便迷失在狂熱的「通神論」[37]的夢想中，完全與我們自己的理解經驗相背馳。

　　如果我們沈浸在上述的兩種情況之中時，必將阻礙我們無休止的奮鬥，以朝向嚴謹而永恆的服從於理性的命令。（這理性的命令是嚴格的、不放縱的、真實的命令，而非僅是理想地可能的。）就一個有限的理性存有而言，道德的圓滿是從較低進到較高的無窮盡的歷程，唯有無休止的進程，道德的圓滿纔有可能，在這不間斷的過程之中，一個理性存有不論他的生存可以持續多久，甚至超出今生之外，他也可以希望圓滿的適合於上帝的意志，而沒有任情放縱與寬恕（因為，放縱與寬恕不能與公道正義相和諧）。

　　他之希望成為圓滿的適合於上帝的意志，實在而言，不是在現今希望之，也不是在可預見的將來希望之，但只在他持久的無休止之中希望之，這種無止境的持續，只有上帝纔能全覽測察之。所以說，最高善必在靈魂不滅的前提下纔有可能，而靈魂不滅，惟有上帝纔能洞察。因此，上帝存在也是純粹實踐理性的一個假定。

---

37 通神論（theosophy）或謂接神教，認為可以藉精神上的自我發展而洞察神性的哲學或宗教。另據臺灣商務版《哲學辭典》第 603 頁上說：亦譯作神智教，或靈智教，反乎神學的考察法，不由經驗及推理，以格神性，而主張由直觀或默示，冀與神明交通者，皆是。其說既超出人知以外，甚或轉援神性，以說明自然現象。

　　康德在《實踐理性批判》第一部份第二卷第二章第五節說明上帝存在也是純粹實踐理性的一個假定。康德認為根據前文的分析，道德法則引起了一個實踐的問題，這個實踐的問題單由純粹理性所規定，而無任何感性動機（Sensuous incentives）的協助，這就是說，此一問題是最高善中第一而又主要的部份（即道德）之必然的完全，因為這個問題只有在永恆中纔能圓滿的被解決，所以，道德法則引至靈魂不滅的假定。

　　現在，這相同的道德法則，亦必引導我們去肯定最高善的第二成份，即那與道德成正比例的（相稱的）幸福之可能，而這亦惟依於純然無私的理性，纔能引導我們去肯定幸福這一成份的可能性，這就是說，道德法則必然引至（在最高善之中，幸福與道德成相稱比例）這個結果的原因之假設。易言之，它必須假定上帝存在，作為最高善之可能存在的必要條件。（這個最高善是那必然地與純粹理性的道德立法相連結之意志的對象）

　　又依康德之說，所謂幸福是指在這個世界上，一個理性存有，能夠對一切事物皆依照他的願望和意志而進行的狀態。因此，幸福是立基於理性存有的全部目的與自然的和諧，並亦與他的意志之基本的決定原則相融洽而一致。但是，道德法則作為自由的一個法則，它所賴以發出命令的決定原則，完全獨立不依於自然，亦不依藉自然之與我們的欲望機能之和諧。

　　不過，在這世界上行動著的理性存有並非世界的原因，也不是自然本身的原因，活動著的理性存有（人）只屬於這個世界的一部份，且要依靠這個世界纔能存在。所以，不能因著人的意志而成為自然的一個原因，而當幸福被提及時，

他也不能以自己的力量，使自然完全與他的實踐原則相和諧。因此，對於這樣一個理性存有中的道德與相稱的幸福之間的必然連繫，在道德法則中，絲毫沒有一點根據。

　　易言之，道德法則絲毫不能假定道德與幸福之間的必然聯繫。雖然如此，而在純粹理性的實踐工作中，即是必然追求最高的善，這樣的一種連繫被假定爲是必然的，我們應當努力促進最高善，因此，此一最高善必須可能。依此，所有自然的一個原因之存在也必須被假定。換句話說，如果幸福與道德具有先驗的綜合必然關係，則我們必須假定一個存在於整個自然界之外的原因，作爲幸福與道德相配合的根據，亦即必須假定上帝存在，以符合實踐理性的要求。

　　現在，實踐理性中有關幸福的要求是真實無妄的，而且是必須滿足的，所以，上帝存在必須被假定，以作爲道德與幸福的和諧而獲得幸福的保證。不過，假定上帝存在是主觀的一種需要，屬於道德的必然，而不是客觀的，這種實踐上的主觀需要，可以稱做「信仰」（faith），即是純粹實踐理性的信仰。（在思辯理性的範圍之內而言，是一假定，作爲一種說明的原則。[38]

　　以上說明了康德的道德神學，至於陽明的道德體系，主要以〈大學問〉爲其一生的思想定論，〈大學問〉不僅對於《大學》一篇加以恢宏的發揮，更建立了「一體之仁」的生

---

[38] 康德認爲只有在實踐的觀點下，我們纔有三個假定（自由、靈魂不滅、上帝存在），但是，我們並不因此而認知這三者的本身究竟是什麼，我們只是把它們（自由、靈魂不滅、上帝存在）的概念，連結在最高善的實際觀念之中，作爲意志的對象。

命學問。

二、〈大學問〉的一體之仁

　　〈大學問〉的要義（主要內容）如下：「大學者，昔儒以為大人之學矣，敢問大人之學何以在於明明德乎？陽明子曰：大人者，以天地萬物為一體者也，其視天下猶一家，中國猶一人焉，若夫間形骸而分爾我者，小人矣。大人之能以天地萬物為一體也，非意之也，其心之仁本若是，其與天地萬物而為一也，豈惟大人，雖小人之心，亦莫不然，彼顧自小之耳。是故見孺子之入井，而必有怵惕惻隱之心焉⋯⋯見鳥獸之哀鳴觳觫，而必有不忍之心焉⋯⋯見草木之摧折而必有憫恤之心焉⋯⋯見瓦石之毀壞而必有顧惜之心焉，是其仁之與瓦石而為一體也。是其一體之仁也，雖小人之心亦必有之，是乃根於天命之性而自然靈昭不昧者也，是故謂之明德。小人之心既已分隔隘陋矣，而其一體之仁猶能不昧若此者，是其未動於欲，而未蔽於私之時也，及其動於欲，蔽於私，而利害相攻⋯⋯甚至有骨肉相殘者，而一體之仁亡矣。是故苟無私欲之蔽，則雖小人之心，而其一體之仁猶大人也，一有私欲之蔽，則雖大人之心，而其分隔隘陋猶小人矣。故夫為大人之學者，亦惟去其私欲之蔽以自明其明德，復其天地萬物一體之本然而已耳⋯⋯。

　　曰：然則何以在親民乎？曰：明明德者，立其天地萬物一體之體也，親民者，達其天地萬物一體之用也。故明明德必在於親民，而親民乃所以明其明德也，是故親吾之父，以

及人之父，以及天下人之父，而後吾之仁，實與吾之父，人之父，與天下人之父，而爲一體矣，實與之爲一體，而後孝之明德始明矣……君臣也，夫婦也，朋友也，以致於山川鬼神鳥獸草木也，莫不實有以親之，以達吾一體之仁，然後吾之明德始無不明，而真能以天地萬物爲一體矣，夫是之謂明明德於天下，是之謂家齊國治而天下平，是之謂盡性。

曰：然則又烏在其爲止至善乎？曰：至善者，明德親民之則也，天命之性，粹然至善，其靈昭不昧者，此其至善之發見，是乃明德之本體，而即所謂良知者也。至善之發見，是而是焉，非而非焉……而亦莫不自有天然之中，是乃民彝物則之極，而不容少有議擬增損於其間也。後之人惟其不知至善之在吾心，而用其私智以揣摸測度於其外，以爲事事物物各有定理也，是以昧其是非之則，支離決裂，人欲肆而天理亡，明德親民之學，遂大亂於天下。故止於至善，以親民而明其明德，是之謂大人之學。

曰：物有本末，先儒以明德爲本，新民爲末，兩物而內外相對也。事有終始，先儒以知止爲始，能得爲終，一事而首尾相因也。如子之說，以新民爲親民，則末本之說，亦有所未然歟！曰：終始之說，大略是矣，即以新民爲親民，而曰明德爲本，親民爲末，其說亦未爲不可，但不當分本末爲兩物耳。若曰兩物，則既爲兩物矣，又何可以言本末乎？新民之意，既與親民不同，則明德之功，自與新民爲二，若知明明德以親其民，而親民以明其明德，則明德親民，焉可析而爲兩乎。先儒之說，是蓋不知明德新民之本爲一事，而認以爲兩事，是以雖知本末之當爲一物，而亦不得不分爲兩物也。

　　曰：古之欲明明德於天下者，以至於先修其身，以吾子明德親民之說通之，亦既可得而知矣，敢問欲修其身，以至於致知在格物，其工夫次第，又何如其用力歟？

　　曰：此正詳言明德親民止至善之功也，蓋身心意知物者，是其功夫所用之條理，雖亦各有其所，而其實只是一物，格致誠正修者，是其條理所用之工夫，雖亦皆有其名，而其實只是一事。何謂身？心之形體運用之謂也。何謂心？身之靈明主宰之謂也。何謂修身？爲善而去惡之謂也。吾身自能爲善去惡乎？心其靈明主宰者，欲爲善而去惡，然後其形體運用者，始能爲善而去惡也，故欲修其身者，必在於先正其心也，然心之本體則性也，性無不善，則心之本體本無不正也，何從而用其正之之功乎！蓋心之本體本無不正，自其意念發動，而復有不正，故欲正其心者，必就其意念之所發而正之，凡其發一念而善也，好之真如好好色，發一念而惡也，惡之真如惡惡臭，則意無不誠，而心可正矣。然意之所發，有善有惡，不有以明其善惡之分，亦將真妄錯雜，雖欲誠之，不可得而誠矣，故欲誠其意者，必在於致知焉。致知云者，非若後儒所謂充廣其知識之謂也，致吾心之良知焉耳。良知者，孟子所謂是非之心，人皆有之者也。是非之心，不待慮而知，不待學而能，是故謂之良知，是乃天命之性，吾心之本體自然靈昭明覺者也。凡意念之發，吾心之良知無有不自知者，其善歟，亦惟吾心之良知自知之，是皆無所與於他人者也……今欲別善惡以誠其意，惟在致其良知之所知焉爾。何則，意念之發，吾心之良知既知其爲善矣，使其不能誠有以好之，而復背而去之，則是以善爲惡，而自昧其知善之良知矣。意

念之所發，吾之良知既知其爲不善矣，使其不能誠有以惡之，而復蹈而爲之，則是以惡爲善，而自昧其知惡之良知矣。若是，則雖曰知之，猶不知也，意其可得而誠乎，今於良知所知之善惡者，無不誠好而誠惡之，則不自欺其良知而意可誠也已。然欲致其良知，亦豈影響恍惚而懸空無實之謂乎！是必實有其事實，故致知必在於格物。物者，事也，凡意之所發，必有其事，意所在之事謂之物；格者，正也，正其不正，以歸於正之謂也。正其不正者，去惡之謂也，歸於正者，爲善之謂也，夫是之謂格。良知所知之善，雖誠欲好之矣，苟不即其意之所在之物而實有以爲之，則是物有未格，而好之之意猶爲未誠也，良知所知之惡，雖誠欲惡之矣。苟不即其意之所在之物而實有以去之，則是物有未格，而惡之之意猶爲未誠也。今焉於其良知所知之善者，即其意之所在之物而實爲之，無有乎不盡，於其良知所知之惡者，即其意之所在之物而實去之，無有乎不盡，然後物無不格，而吾良知之所知者，無有虧缺障蔽。而得以極其至矣，夫然後吾心快然無復餘憾而自慊矣，夫然後意之所發者，始無自欺而可以謂之誠矣。故曰物格而后知至，知至而后意誠，意誠而后心正，心正而后身修，蓋其功夫條理，雖有先後次序之可言，而其體之惟一，實無先後次序之可分，其條理功夫雖無先後次序之可分，其用之惟精，固有纖毫不可得而缺焉者，此格致誠正之說所以闡堯舜之正傳而爲孔氏之心印也。」[39]

〈大學問〉首先闡明《大學》首章爲大人之學的體用及

---

39 見《王陽明全書（一）》第 119 至 123 頁，正中書局印行。

其工夫次第，始言大人能以天地萬物爲一體者，乃心之本然，故見孺子之入井、鳥獸之哀鳴、草木之摧折、瓦石之毀壞，必有惻隱、不忍、憫恤、顧惜之心，皆是本心的真誠惻怛，毫無虛假，陽明就是從惻隱之心，指明人與天地萬物本同一體[40]。所以，吾人的本心，就是宇宙的心，然天地萬物不能一體者，只因吾人不忘己私，設使天下人皆能忘私而歸仁，即能把人生和宇宙打成一片，兩者無間隔而訴合和暢，和諧無間，成了天人合一的最高境界[41]。

　　所以，天下之人，苟能節欲抑私，克其私，去其蔽，使仁心作主，自明其明德，以復同然之仁體，自有天地萬物一體之樂。萬物相生相養，相親相愛，人與人相感通，吾人的仁心自然發用流行，其間雖不能無次序，更不能無親疏遠近、厚薄之差等[42]，卻能推擴至廣，推恩及于天地萬物，蓋人心

---

40 熊十力先生著《讀經示要》卷三第 14 頁上說：「唯王陽明〈大學問〉，從惻隱之幾，指出天地萬物一體之實，令人當下超脫小己。」同書第 156 頁上又說：「陽明直就本心惻隱之端，顯示仁體，最極親切，善發易春秋乾元之旨者，莫如陽明，然陽明亦自孟子所謂不忍之心，體會得來。」

41 方東美先生在其所著《中國人生哲學概要》第 43 頁上說：「中國人與中國人所認識的宇宙，處處都是和諧一致，毫無間隔，這種說法就叫做天人合一說，或天人無間論，把宇宙和人生打成一氣來看，乃是中國哲學的一貫精神。」

42 陽明認爲「天地萬物與人原是一體，其發竅之最精處，是人心一點靈明，風、雨、露、雷、日、月、星、辰、禽、獸、草、木、山、川、土、石，與人原只一體。故五穀禽獸之類皆可以養人，藥石之類皆可以療疾，只爲同此一氣，故能相通耳。」（《傳習錄下篇・陽明答朱本思》）。人與萬物雖是一體，但自有厚薄差等之分，陽明說：「惟是道理自有厚薄，比如身是一體，把手足捍頭目，豈是偏要薄手足，其道理合如此。禽獸與草木同是愛的，把草木去養禽獸，又怎得，人與禽獸同是愛的，宰禽獸以養親，與供祭祀，宴賓客，心又忍得，至親與路人同是愛的，如簞食豆羹，得則生，不得則死，不能兩全，寧救至

之仁，能與天地萬物相感通，而與之爲一體，這就是陽明所說的「一體之仁」。[43]

　　陽明的〈大學問〉，除了倡言「一體之仁」外，進而詳說《大學》之道在明明德，在親民，在止於至善的盡性工夫，此一大人之學，即爲成德之教，「成德」非僅成就自己的道德，它包含了「成己」、「成人」、「成物」三大進程。所以，明明德、親民本爲一事，不可析分爲二，而格物、致知、誠意、正心、修身、齊家、治國、平天下，也只是明明德於天下的一貫次第，只要致吾心之良知[44]，好善惡惡，爲善去惡，即可成德矣。

　　綜合以上之論述，筆者僅提出兩點說明，以爲康德的道德神學與陽明的〈大學問〉之比較異同：

　　（一）兩者皆以「人」爲道德主體，這是〈大學問〉與道德神學相同之處。依陽明，人之所以能夠成爲道德的主體，

親，不救路人，心又忍得，這是道理合該如此，及至吾身與至親，更不得分別彼此厚薄，蓋以仁民愛物皆從此出，此處可忍，更無所不忍矣。《大學》所謂厚薄，是良知上自然的條理，不可踰越，此便謂之義，順這個條理，便謂之禮，知此條理便謂之智，終始是這條理，便謂之信。」（見《傳習錄》下篇，臺灣商務版第 235 頁）

43 羅光在其所著《中國哲學思想史元明篇》第 448 頁上說：「一體之仁爲王守仁思想的最高點，他講聖人之學，聖人之學在於一體之仁，不僅是萬物皆備於我，而且我也在萬物，這種精神生活，由致良知而出發，良知爲至善，爲靈明，也就是心，就是理，萬物和我的關係，良知自然知道，自然指示我合理地去行，在知行合一時，我直接體驗到心的善。」又說：「我心的生命，即是萬物一體的生命，天地萬物生生不息，也就是我心的生命流於萬物，這就是一體之仁。」

44 陽明解「致知」爲「致吾心之良知」，而非充廣知識之謂，此不同於伊川、朱熹格物窮理致知之說。對於「親民」之說，亦不同程朱「新民」（新者，革去舊染之謂）之說，但由於陽明有一體之仁的仁愛惻怛，又擔任公職，遂能以安民、保民、教民、養民、愛民的實際事功，發揮他的親民思想。

在於人心的一點靈明，也就是根於天命之性而自然靈昭不昧的良知。良知之知，是而是之，非而非之，是至善之發見，宇宙間若沒有人的這一點靈明，則無天地鬼神萬物的存在。同樣，超離了天地鬼神萬物，也沒有人的靈明之存在，如此，人與天地鬼神萬物便是同體相通，互相感應。另依康德之說，天地之間若沒有一般理性存有（人）的存在，整個宇宙造化便無目的可言，一切成了枉然。人之所以能夠成為世界存在的最終目的，因於人的善良意志[45]，設想某人多才多藝，但不具有善良的意志，那從道德來說，他只是一個可鄙的小人吧了。所以，人的存在，因於善良的意志，而使他成為一個道德的主體。

（二）兩者不同之點，是康德以道德論證上帝的存在，即道德與神學的結合；而陽明卻以「親民事功」表現其道德，即道德與政治相結合，這是道德神學與〈大學問〉的相異之處。康德除了在《純粹理性批判》嚴厲批評本體論證、宇宙論證、目的論證均不能證明上帝的存在外，進而在《實踐理性批判》中，假定靈魂不滅和上帝存在，又在《判斷力批判》中，再論物理神學（Physico-theology）、道德神學（Ethico-theology）以及上帝存在的道德論證等。康德始終認為經驗的物理論證決不能推證上帝的存在，唯有從人的道德法則之目的，纔能假定上帝的存在。

換句話說，神學必立基於道德的要求，始能成立，這是

---

45 參閱康德《Critique of Judgement Methodlogy of the Teleological Judgement》，84：of the final purpose of the existence of a world, i.e, of creation itself。85：of Physico-theology. 86：of Ethico-theology. 87：of the moral proof of the Being of God 等內容。

康德批判哲學的必然結果。

　　反觀〈大學問〉，由於陽明對一體之仁的深切體認，所
以認爲明明德於天下，必然有「親民」的實踐，因此，主張
爲政在親民[46]，爲政者應以親民爲要務。所謂親民，即不外
安民、保民、養民、教民、愛民、爲民除害等事，他在〈答
顧東橋書〉上說：「夫聖人之心，以天地萬物爲一體，其視
天下之人，無外內遠近，凡有血氣，皆其昆弟赤子之親，莫
不欲安全而教養之，以遂其萬物一體之念。」[47]。這種親民
的哲學，是陽明從道德修養到實際政治的貫徹，即由內聖而
外王的一貫修持，而平定賊寇、爲民除害、安靖地方、教化
子弟等事功，是其具體表現，道德與政治遂相契合。

---

46 陽明有〈親民堂記〉一文，他說：「親吾之父以及人之父，而天下之
　父子莫不親矣；親吾之兄以及人之兄，而天下之兄弟莫不親矣。君臣
　也，夫婦也，朋友也，推而至於鳥獸草木也，而皆有以親之，無非求
　盡吾心焉，以自明其明德也，是之謂明明德於天下，是之謂家齊國治
　而天下平。」見《王陽明全書（一）》第 208 頁，正中書局印行。
47 見《傳習錄》第 129 頁，臺灣商務版。

結論：王陽明與康德道德
哲學的現代意義

　　陽明生於西元 1473 年，康德生於西元 1724 年，兩位中西哲學家的思想，在現代科技興盛的時代，是否仍具有引導世人生活的價值？這使筆者沉思許久，而在本結論裏所欲探討的一個問題，就是王陽明與康德道德哲學的現代意義如何？

　　本論文從比較中西道德哲學著手，再論述王陽明與康德的道德哲學，然後比較兩者的異同，這樣，似乎比較能夠看清中西道德哲學的差異及相同之點[1]，更主要的是想從上述中

---

1 中西道德的差異，有以下五項要點：（一）中哲道德與政治結合；西哲道德與宗教結合。這一點筆者在第四章第三節已有論述。一般而言，西洋人的宗教信仰都相當深刻，例如康德就有深厚的宗教背景，所以，他的道德哲學具有宗教的基礎（完成道德神學），在其哲學思想和宗教信仰不能相貫通時，就另謀他途，以上帝存在為人的先天要求。反觀中國的哲學家（尤其是儒家學者）雖也都敬仰天道、天命，但在他們的哲學思想裏，卻都不提到宗教信仰，關於這一點差異，羅光在《中西宗教哲學比較研究》一書第 257 頁上說：「在宗教信仰的觀點裏，中西不同，中國哲學以宗教信仰為個人和神靈的關係，這種關係乃是禍福的關係。西洋哲學以宗教信仰為形上學的最高點，為人生的終極目標，影響整個人生。宗教觀念既不相同，中國哲學便不討論宗教信仰，西洋哲學討論宗教信仰而有宗教哲學。」（二）中哲強調人與人之間的相對倫理，以家族為本位，西哲主張個人道德。（三）中哲提倡孝敬之道，西哲崇尚公道正義，夫妻相愛。（四）中哲以先聖先賢為效法對象，

西道德的發展以及王陽明與康德的道德要義之中，找尋適合現代人的生活之思想，並設法爲未來的華人指出一條康莊大道，這也是當今知識份子應該努力的方向，此即如何促成傳統文化（儒家哲學）與現代思潮（民主科學）相結合的時代課題。

筆者簡述四點拙見，以爲陽明與康德道德哲學的結論：

一、以良知之知，發揚良善的意志

良知之知，知善惡，別是非，每一個人都有良知，因爲每一個人都有他們的本心[2]。所以，雖是窮兇惡極之人，也還有良知的存在，只是一時失去理性，爲物欲所蒙蔽，當其罪行被發現時，總是深切悔悟，甚至有些人做了壞事，雖不爲人知，卻自感良心不安而主動向警方投案者亦有，從人的這一點靈明良知而言，每一個人都應該以其良知之知，盡力發揚自己良善的意志，纔能使人類成爲道德的主體。如果每一個人都有良善的意志，那麼，人與人之間的交往，必然可以減少許多紛爭，降低人與人之間的敵對，而這種紛爭與敵對就是現今世界動亂的主因。例如：非洲的民族問題，中東地區的戰火，尤其是科技昌明，人類不斷發明殺人的利器，核子大戰如果全面爆發，整個地球或許將遭到毀滅，這真是一

進而成就道德人格，西哲以服從道德律令爲修身之道。（五）中哲以仁心的自覺爲道德之始，西哲以理性的判斷爲道德之方，這種科學的分析方法，在中國可以說比較缺乏，因此，康德的批判哲學可以補充中國哲學之不足。今後，吾人也應該學習科學的精神與方法。

2 熊十力先生在《新唯識論》第 536 頁上說：「夫良知即本心，凡爲陽明之學者皆知之，仁即本心。」

個充滿危機的時代[3]。產生這種危機的原因有三：（1）哲學的沒落。（2）宗教的混亂。（3）科學的偏鋒。尤其是科學的偏鋒和厲害[4]，改變了世界，使人得有無限的權力，但卻面臨毀滅的恐懼，我們的命運是否已經到了盡頭？人類如何自救？

　　筆者認為人的良知纔是挽救人類免於浩劫的不二妙法，吾人應該永保清明不昧的良知，並儘力發揚良善的意志。

二、以自由意志，修養道德人格

　　吾人如何永保清明的良知，致力發揚良善的意志呢？筆者認為每一個人應該秉持自由自律的意志，不斷修養自己的道德人格。人之所以異於禽獸者，因人有內在的自由，亦即道德的自覺，所以，無條件的服從定然律令的道德命令，是每一個人都能做到的，只要我們把一切出於感官的欲望和性好排除，即去人欲存天理，亦就是致良知，即可修成高尚的道德人格。這種去人欲致良知的工夫，看似高超，其實卻是平常每一個人都能做到的，譬如我們儘可能的減少對物質奢

3　顧翊群先生在其所著《危機時代的中西文化》一書第 157 頁上說：「當前時代的特徵，與其說是『人定克天』，毋寧說是『人定制人』，因少數人利用科學技術之發展，而開發經濟資源，與建立龐大武力，以用來直接間接的主宰大多數人類的命運，在此種情況之下，道德哲學成為一門迫切需要之學問。」

4　關於科學的厲害，唐君毅先生在《中國人文精神之發展》一書第 114 頁上說：「此種厲害，簡言之，即他似已能使是如此的東西不如此，使不如此的東西如此，使未有的東西有，使已有的東西無。總而言之，即使是的不是，不是的是。再換句話說，即科學似已可使我們能漸隨心所欲的，改造我們直接經驗的世界中之一切事務，同時使此直接經驗中之事務，連人自己在內，在科學之面前，戰慄於存在與不存在之間。」

侈的追求與享受，以降低欲望與性好對我們的影響，並提高精神生活的涵養，也是必要的，當然，更需要對四維八德等德目的實踐，以建立現代國民的道德人格。[5]

三、涵養一體之仁，尊重生命，保護生態

　　陽明的一體之仁，決非只是空泛的言說，而是確有其民胞物與的胸懷與體認，這種仁愛惻怛的生命哲學是可以和康德的目的論及人的尊嚴相貫通的，因為人的存在其自身就是目的，且具有道德的尊嚴。所以，每一個人都是主體，任何人皆不應為他人的利用工具或奴隸，而要把人當作目的看待，進而重視他人的生存意志，尊重他人的生命，肯定他人的尊嚴，相信只要我們尊重人的生命和尊嚴，彼此互相尊敬，則人與人之間的相處是可以和諧。

　　除了人與人的和諧之外，陽明的一體之仁更主張人與萬物的和諧，所以，我們要富有同情心，愛護動植物，保護自然的景觀與生態，不要因為一時的興好而殘害飛禽走獸。也不能因為經濟的發展，工業的進步，資源的開發，而任意造成環境的污染、景觀的破壞與生態的改變，這對整個自然和人類的未來，都將產生無窮的禍害。所以，展望未來的中國

5　現代國民若要以自由意志，修養道德人格，應當實踐的德目大要有三：
　　（一）國父在〈民族主義〉第六講所提出的八德，即忠孝仁愛信義和平。（二）蔣中正所發起的「新生活運動」－禮義廉恥。所謂禮是規規矩矩的態度，義是正正當當的行為，廉是清清白白的辨別，恥是切切實實的覺悟。（三）青年守則十二條：忠勇、孝順、仁愛、信義、和平、禮節、服從、勤儉、整潔、助人、學問、有恆。

哲學，應該在一體之仁的生命哲學上繼續向前邁進，這也是世界希望之所寄，人類命運之所託。

四、以德性的良知，統攝一切知識

　　陽明的良知，是決定道德行為的天理法則，這種德性之知，與現代的科學知識之關係如何？陽明回答歐陽德的信中曾說：「良知不因見聞而有，而見聞莫非良知之用，故良知不滯於見聞，而亦不離於見聞。」[6]陽明所謂「見聞」，意即今日所言之「知識」，在現代知識領域裏，類別很多，文、法、理、工、商、農、醫等各大類，每一類的細分更是精細，絕非一己有限的生命所能盡，但又不得不儘量攝取之，以為吾人之用。

　　例如研究醫學，對各種疾病的防治，對人類的健康，是有相當的助益，人的良知雖然知道應該去研究醫學，研發醫藥，而不應該去製造毒藥害人。可是，如何去研究？如何去發展這一套知識系統，卻是陽明沒有盡言之處，關於這一點，國父孫中山的「知難行易」或可補充陽明的不足，國父孫中山以飲食、用錢、作文、建屋、造船、築城、開河、電學、化學、進化等十事為例，證明知難行易，國父說：「夫以今人之眼光，以考世界人類之進化，當分為三時期：第一由草昧進文明，為不知而行之時期。第二由文明再進文明，為行而後知之時期。第三自科學發明而後，為知而後行之時期。」[7]依國父之意，科學之知，雖不知亦能行（以前十事為證），

6　見《王陽明全書》（四）第142頁。
7　見《孫文學說》第90頁，中央文物供應社出版。

但能知必能行，而且有志竟成。

　　可知，孫中山的知難行易在現今科學昌明的時代，是可以發揚陽明的良知之學，而且兩者也可以相互貫通。關於這一點，先總統蔣中正在〈總理「知難行易」學說與陽明「知行合一」哲學之綜合研究〉一文中有詳盡的說明，他說：「王陽明所謂『良知』的知，是人的良心上的知覺，不待外求，而總理所講『知難』的知，是指一切學問知識之知而言。這種知是不易強求的，而且這種知識的『知』亦不必人人去求，只要人人去『行』就得了。我們理解了這一點，便知總理所講的『知難行易』的知，同王陽明所講的『致良知』與『知行合一』的知，其為『知』的本體雖有不同，而其作用是要人去行，就是注重行的哲學之意，完全是一致的。」[8]

　　總持以上的論述，陽明與康德的道德哲學，在現代科技的昌明之下，仍然有其哲學上的價值。展望人類的未來，科學的發展勢必繼續不斷邁向更高明的境地，同時，吾人對倫理道德也更須精思力踐纔好，因為科學不可能代替道德，良知永遠是主宰，自由而且自律的行為，纔算是有理性的個體，有了自由而且自律的人類，民主政治纔能光大。因此，我們可以說，倫理道德、自由民主、良知善意三者是王陽明與康德道德哲學對人類的智慧啟示。易言之，精思力踐王陽明和康德的道德哲學，可使全世界早日達到大同世界的理想，這也是王陽明和康德道德哲學的最高目標。

---

8 見秦孝儀先生編輯《蔣總統對國父思想之實踐篤行與融會貫通》一書第 387 頁。

參考書目

《十三經注疏》：板橋，藝文印書館，民國 70 年元月 8 版。

方東美著《哲學三慧》：台北市，三民書局，民國 60 年 11
　　月初版。

方東美著《中國人生哲學概要》：新店，先知出版社，民國
　　63 年 10 月臺再版。

王守仁著《王陽明全書》：台北市，正中書局，民國 68 年
　　10 月臺六版。

王先謙註解《荀子集解》：台北市，世界書局，民國 61 年
　　10 月五版。

牟宗三著《心體與性體（全三冊）》：台北市，正中書局，
　　民國 62 年 10 月。

牟宗三著《中國哲學的特質》：台北市，臺灣學生書局，民
　　國 69 年元月 6 版。

牟宗三著《王陽明致良知教》：台北市，中央文物供應社，
　　民國 69 年 4 月再版。

牟宗三譯註《康德的道德哲學》：台北市，臺灣學生書局，
　　民國 71 年 9 月初版。

牟宗三譯註《純粹理性之批判》上下兩冊：台北市，臺灣學
　　生書局，民國 72 年 3 月初版。

朱熹註《四書集注》：台北市，世界書局，民國 59 年 8 月
　　15 版。

李杜著《中西哲學思想中的天道與上帝》：台北市，聯經出
　　版事業公司，民國 67 年 11 月初版。

余又蓀譯《康德與現代哲學》：台北市，臺灣商務印書館，
　　民國 60 年 9 月臺三版。

吳森著《比較哲學與文化》：台北市，東大圖書有限公司，
　　民國 67 年 7 月初版。

吳森著《比較哲學與文化（二）》：台北市，東大圖書有限
　　公司，民國 68 年 12 月初版。

吳經熊著《哲學與文化》：台北市，三民書局，民國 62 年 5
　　月再版。

吳經熊著《內心悅樂之源泉》：台北市，東大圖書有限公司，
　　民國 70 年 9 月初版。

吳康著《康德哲學》：台北市，臺灣商務印書館，民國 69
　　年 4 月二版。

梁漱溟著《東西文化及其哲學》：台北市，虹橋書店，民國
　　57 年 3 月。

楊幼炯著《中國政治思想史》：台北市，臺灣商務印書館，
　　民國 62 年 2 月臺三版。

胡適等著《胡適與中西文化》：台北市，水牛出版社，民國
　　57 年 9 月再版。

胡鴻文著《英國經驗哲學》：台北市，華岡出版有限公司，
　　民國 61 年 5 月初版。

孫文著《孫文學說》：台北市，中央文物供應社，民國 66

年 6 月十六版。

高懷民著《大易哲學論》：台北市，成文出版社，民國 67 年 6 月初版。

高懷民著《先秦易學史》：台北市，東吳大學中國學術著作獎助委員會，民國 64 年 6 月初版。

唐君毅著《哲學概論》（全二冊）：台北市，臺灣學生書局，民國 69 年 9 月 7 版（台五版）。

唐君毅著《中國文化之精神價值》：台北市，正中書局，民國 62 年 3 月臺 8 版。

唐君毅著《中國哲學原論導論篇》：香港，新亞研究所，民國 69 年 9 月 5 日 5 版。

唐君毅著《中西哲學思想之比較研究集》：台北市，宗青圖書出版公司，民國 67 年 12 月初版。

唐鉞譯《道德形上學探本》：台北市，臺灣商務印書館，民國 69 年 9 月台三版。

唐君毅著《生命存在與心靈境界》：台北市，臺灣學生書局，民國 70 年 9 月初版。

唐君毅著《中國人文精神之發展》：台北市，台灣學生書局，民國 63 年 10 月 3 版。

唐君毅著《中國哲學原論原道篇卷二》：香港，新亞書院研究所，民國 62 年 5 月初版。

梁啓超著《歐遊心影錄節錄》：台北市，臺灣中華書局，民國 65 年 3 月臺三版。

陳國鈞編著《文化人類學》：台北市，三民書局，民國 66 年。

馮友蘭著《中國哲學史》：台北市，文蘭圖書公司，1967 年
　　4 月印行。

黃建中編著《比較倫理學》：台北市，國立編譯館，民國 71
　　年 4 月臺 6 版。

黃振華著《康德哲學論文集》：台北市，撰者，民國 65 年 8
　　月台初版。

陳立夫著《國父道德言論類輯》：台北市，東大圖書有限公
　　司，民國 70 年 9 月初版。

張其昀著《孔學今義》：台北市，華岡出版有限公司，民國
　　68 年 1 月出版。

張東蓀著《道德哲學》：台北市，廬山出版社，民國 61 年
　　10 月臺一版。

張其昀等著《陽明學論文集》：台北市，華岡出版有限公司，
　　民國 66 年 6 月再版。

勞思光著《中國哲學史》：台北市，三民書局，民國 70 年 1
　　月初版。

葉鈞點註《傳習錄》：台北市，臺灣商務印書館，民國 60
　　年 2 月臺三版。

蔡仁厚著《王陽明哲學》：台北市，三民書局，民國 72 年 2
　　月修訂初版。

鄔昆如著《文化哲學講錄（一）》：台北市，東大圖書有限
　　公司，民國 68 年 2 月初版。

鄔昆如編著《西洋哲學史》：台北市，國立編譯館，民國 68
　　年 9 月臺五版。

熊十力著《新唯識論》：台北市，廣文書局，民國 63 年 2

月 3 版。

熊十力著《原儒》：台北市，大明王氏出版公司，民國 64 年
　　8 月 4 版。

熊十力著《讀經示要》：台北市，廣文書局，民國 61 年 7
　　月 5 版。

鄭基良著《先秦兩漢改過思想之研究》：台北市，文津出版
　　社，民國 99 年 6 月出版。

鄭基良著《晚明改過思想之研究》：台北市，文史哲出版社，
　　民國 101 年 8 月出版。

謝扶雅譯《康德的道德哲學》：香港，基督教輔僑出版社發
　　行，民國 49 年 5 月出版。

謝扶雅著《倫理學新論》：台北市，臺灣商務印書館，民國
　　68 年 3 月 2 版。

謝幼偉著《西洋哲學史》：台北市，人生出版社，民國 52
　　年 1 月初版。

謝幼偉著《西洋哲學史稿》：台北市，文津出版社，民國 61
　　年元月初版。

謝幼偉著《中西哲學論文集》：香港，新亞研究所，民國 58
　　年 5 月初版。

謝幼偉編著《倫理學大綱》：台北市，正中書局，民國 57
　　年 6 月臺 7 版。

謝幼偉著《當代倫理學說》：台北市，中央文物供應社，民
　　國 68 年 3 月出版。

繆天綬選註《宋元學案》：台北市，臺灣商務印書館，民國
　　59 年 9 月臺一版。

繆天綬選註《明儒學案》：台北市，臺灣商務印書館，民國
　　62 年 12 月臺三版

錢穆編著《陽明學述要》：台北市，正中書局，民國 68 年
　　10 月臺六版。

戴季陶等著《三民主義哲學論文集》：台北市，中央文物供
　　應社，民國 67 年 5 月 20 日。

羅光著《中國哲學的展望》：台北市，臺灣學生書局，民國
　　66 年 12 月初版。

羅光著《中西宗教哲學比較研究》：台北市，中央文物供應
　　社，民國 71 年 2 月出版。

羅光著《儒家形上學》：台北市，中華文化出版事業委員會，
　　民國 46 年 5 月再版。

羅光著《中國哲學思想史（一）》：新店，先知出版社，民
　　國 64 年 8 月 15 日。

羅光著《中國哲學思想史（三）》：新店，先知出版社，民
　　國 65 年 12 月 8 日。

羅光著《中國哲學思想史元明篇》：台北市，臺灣學生書局，
　　民國 70 年初版。

羅光著《理論哲學》：台北市，臺灣學生書局，民國 68 台三
　　版（學一版）。

顧翊群著《危機時代的中西文化》：台北市，三民書局，民
　　國 62 年 2 月再版。

《聖經》：聖經公會出版，1981 年。

《哲學辭典》：台北市，臺灣商務印書館，民國 65 年 4 月台
　　四版。

P.T. Raju 著，李增譯《比較哲學導論》：台北市，黎明文化
　　事業股份有限公司，民國 69 年 11 月初版。

Norman Kemp Smith 英譯《Immanuel Kant's Critique of Pure
　　Reason》：台北市，馬陵出版社，民國 64 年 9 月初版。

Lewis White Beck 英譯《Critique of Practical Reason》：台北
　　市，馬陵出版社，民國 64 年 9 月。

J‧H‧Bernard 英譯 Kant's Critique of Judgement：台北市，
　　馬陵出版社，民國 64 年 9 月。

Weber and Perry 著《History of Philosophy》：台北市，狀元
　　出版社。